# ライティングは「宝探し」

売れる文章の作り方、買いたくなる理由の見つけ方

谷本理恵子
Tanimoto Rieko

エムディエヌコーポレーション

# はじめに

お客様の心をわしづかみにする文章は、実は誰にでも書けます。ただし、書き始める前に、入念な「準備」が必要です。そのことに気づいている人が少ないから、どんなに勉強しても、どれだけ真似したつもりでも、さっぱり売れる文章にならないのです。けれど、きちんと「準備」さえ整っていれば、文章で売るのもネットで集客するのも、難しいことではありません。人を動かすのに必要なのは、テクニックでも知識でもないからです。

事実、きちんと「材料」を揃えるだけで、下手な文章でも、素人くさいデザインでも、ちゃんと売れます。かく言う私も、学校で専門的にライティングやデザインを勉強したわけでも、スキルを伝承される職についていたわけでもなく、実践の中で身につけていますし、セミナーや講座の中でも、表面的なテクニックよりも、むしろ「準備」の整え方をしっかりお伝えするほうが、短期間で圧倒的な数字を叩き出せるようになる方が続出します。

残念ながら「近い将来、ＡＩが全部書いてくれるようになる」という期待は、こと販売に関わる文章については、あまり現実的ではありません。どんなに「それっぽい」文章を返してくるように見えても、それだけで本当に売れるのかというと、現時点では、そこまで効果的なアウトプットが得られる環境には置かれていないからです（この先を読み進んでいただく中で、本当に売れる文章はどういう手順で作っていくのか、その「準備」とは何なのかがわかれば、きっとご納得いただけるはずです）。

なかには「ざっくり作って、高速にテストすれば問題ない」という方もいらっしゃいますが、肝心の選択肢がすべてイマイチなものばかりであれば、物理的に大当たりが出るはずがありません。むしろ、果てしない試行錯誤に手間や時間やお金を割くよりも、しっかり狙って当てていく方法を知り、より効率よくテストをする必要性は増していくのではないでしょうか。

もちろん、誰かに丸投げしたくなる気持ちもわかります。自分には無理だとあきらめるのは簡単です。けれど、あなたのビジネスや商品や顧客について一番詳しいのは、あなた自身なのです。たとえ、どれだけ腕がよいライターやデザイナーに出会えたとしても、あなた以上に商品やサービスについて語れるはずはありません。それに、効果的なライティングを自分で作るスキルがあってこそ、外注の良し悪しを見分けることも、ＡＩの出力を使いこなすことも可能になるのですから、どんなビジネスをお持ちの方にも、ぜひ一度、本気で向き合っていただきたいと思うのです。

本書で述べている方法は、デジタルマーケティングの最前線で戦う大手企業の社内研修でお伝えした際にも、衝撃的な成果を生み出した方法ですが、起業したての個人事業主の方にとっても、非常に有効なやり方として、各地の商工会議所主催のセミナーなどでもご好評をいただきました。

しかも、それほど難しい方法ではありません。実際、すでに売る力を持っている方は、例外なく無意識的にやってきた内容ともいえます。正直、この原則からはずれて売上を作れる方に、私はお目にかかったことはありません。すべての商売の基礎をなす普遍の鍵は、ここにあるにも関わらず、その効能があまりに軽視されている昨今、愚直にやるかやらないかだけで、大きく差がつく部分ともいえるのです。これまで軽く五千人以上の方にやっていただいていますが、実際に行動に移したすべての方は「目からウロコが何百枚も落ちる」と証言しています。ぜひ期待して、読み進めていただければと思います。

２０２４年３月
株式会社グローアップマーケティング
代表取締役　谷本理恵子

CONTENTS

Quest 5

# 磨いた「宝石」の使いみち

お客様の言葉の中に、
「売れる文章」の原石がある。

Quest

# 1

# 「思い込み」を排除する

01

# 売れるノウハウの落とし穴

魔法の杖のような売り文句の「ツール」や「テンプレート」を用いても、成果が上がらないのは、なぜ？

## 思うように売れない本当の原因

世の中には「これさえあれば、すべての問題は解決する」という提案がたくさんあります。例えば「デザインを変えれば」「ブランディングを勉強すれば」「テンプレートに当てはめて書けば」「このツールを使えば」誰でも簡単に売れるようになる、といった甘い誘いに引き寄せられることもあるでしょう。けれど、すぐに成果が出る人もいれば、なぜかうまくいかない人も存在するのはどうしてなのでしょうか。

実は、多くの人は、**それらが解決できる以前の問題を抱えています。**料理で例えるなら、野菜や肉といった食材がないのに、やたら立派な調理器具だけを揃えようとするようなもの。大前提となる「材料」がないのに、いくら鍋や包丁がたくさんあっても、料理が完成することはありませんよね。

つい「この鍋さえあれば、格段においしい料理ができるのではないか」と思ってしまいがちですが、本当は「新鮮な材料」さえ手に入れれば、サラダやお刺し身のように、シンプルに切って出すだけでおいしく食べられるもの。つまり、**まずは優秀な調理器具よりも、「材料」を手に入れる必要があります**。

## 売れる文章の「材料」とは

ビジネスは、売り手だけで成立するわけではなく、相手が必要です。あなたが「素晴らしい商品やサービスがありますよ」と提案し、お客様が「買いたい！」と答えるまでの流れは、人間同士のコミュニケーションそのものです。自分勝手な説明で、わかってもらえるわけではありません。

もちろん、店舗での対面接客であれば、相手の反応によって説明を変えたり、途中で質問してもらったりすることで、お客様が何を求めているのかを知ることができるでしょう。ところが、ネット通販のようなオンライン販売では、残念ながら、画面の先の様子を伺い知ることができません。手応えがわからないからこそ、**タイミングよく適切な内容を語ることが難しい**のです。

日常の人間関係でも、相手のことをあまり知らない状態では、何を話せばいいのか見当がつかず、円滑なコミュニケーションは難しくなりますよね。けれど、もし気心が知れた友人に説明をするとしたら、たとえ目の前に相手がいなかったとしても「こう言えば、こんな風に返してくるだろうな」「この言葉は、専門用語で知らないだろうから、使わないほうがいいな」「こういう順番で説得すれば、興味を持ってくれるかもしれない」などと反応を予想しながら、書くことができるはずです。少なくとも、何を書けばよいのか途方に暮れることは、ないのではないでしょうか。

つまり、双方向のやり取りが難しい「文章」で売るなら、書く前に相手のことをよく知っている必要があります。「売れる文章」を書けるかどうかは、**どれくらいの解像度でお客様が見えているかにかかっているのです。**

## 自分と他の人は、大きく違う

では、あなたはお客様のことを手に取るように理解できていると胸を張っていえるでしょうか。もしかすると、普段からお客様と接している人ほど「お客様のことは、よくわかっている」と早合点してしまうかもしれませんが、**自分のお客様のことを正確に捉えられている人は、ほとんどいないのが現実です。**例えば、身近な人との関係性でさえ、同じ景色を見て違う感想を持ったり、よかれと思ってやったことが逆効果になったりするように、自分と他の人とでは感じ方や考え方が大きく違っています。あなたが「お客様はきっとこう思っているに違いない」と勝手に想像していることは、すべてはずれていると言っても、過言ではありません。

あなたのお客様は、あなたの商品やサービスについて、**あなたとは別の部分に着目して、ぜんぜん**

違った評価をしているはずです。もし同じ言葉を使ったとしても、異なる意味合いになっている可能性が高く、思いもよらない感情と論理で購入しているかもしれないのです。それに気づかぬまま、自分勝手な説明を続けていれば、本来売れるはずのものまで売れなくなってしまうでしょう。

## よくある7つの誤解

本当の顧客を正確に理解するには、一般的に広く信じられている方法が、かえって邪魔になることもよくあります。

**【7つの思い込み】**

1. まずは「ペルソナ」の設定が必要
2. 「集計したデータ」をもとに判断すべき
3. 「売れるテンプレート」や「キーワード集」は万能
4. 「コンセプト」や「世界観」があれば売れる
5. お客様を知るために「市場調査」をする
6. 「アンケート」を取れば、お客様がわかる
7. お客様に聞いても正しい情報は得られない

例えば「ペルソナ」の設定は、かえって売れる文章を書けなくなる原因になる場合がありますし、客観的で科学的に思える「データ・マーケティング」には恣意が入りやすく、売れない原因を作りやすいものです。「誰でもこのテンプレートに当てはめれば売れる」といった魔法の雛形には、語られていない嘘があります。よくある市場調査やアンケート、ユーザーインタビューのやり方では、売るために必要な情報をうまく取得することができません。誰かに作ってもらった「コンセプト」や「世界観」は機能しないことが多く、それで売れるようになるわけでもないのです。

すべてのツールやノウハウは、万能ではありません。使う場面や目的、フェーズを間違っていたり、前提条件を勘違いすれば効果がないどころか、逆に悪影響を及ぼしかねません。そこで、まずは代表的な誤解とその弊害を見ていく中で、売るために本当に必要な要素はいったい何なのかについて考えていきましょう。

Key Point

**「わかっているつもり」が、もっとも危険。**

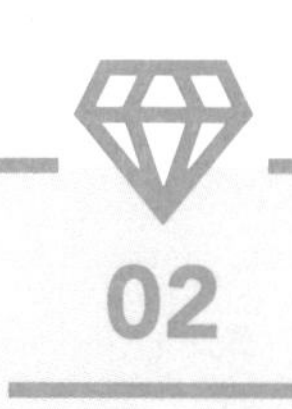

# 02

# 1つ目の思い込み「ペルソナ」の設定が必要

お客様像の解像度を高める上で、「ペルソナ」や「ターゲット像」の設定は本当に有効なのでしょうか？

## これまでの常識が諸悪の根源

マーケティングやセールスコピーライティングなどの世界では、「ターゲット」や「ペルソナ」という言葉が「商品やサービスを使う典型的なお客様像」として使われることがよくあります。もちろん、広告代理店やデザイナーなど関係者間で「ターゲットは、30代前半の旅行好きな女性です」などと、ざっくりと「顧客イメージ」の認識を共有する際には便利なこともあるかもしれません。けれど、「売れる文章」を書く場面では、このような設定自体がむしろ混乱の原因になっていることが多々あります。

というのも、「ターゲット」を決めれば、対象者を絞れたかのように錯覚してしまいがちですが、女子高のクラスを思い浮かべれば、年齢や性別や学歴などが揃っていても、全員が同じような考え方をして、同じものを好むわけではないことは明白だからです。おしゃれが好きな子もいれば、勉強のほうが好きな子もいるし、友達とワイワイ騒ぐタイプもいれば、物静かなタイプもいる中で、クラス全員に宛てたラブレターを書こうとすれば、当たり障りがない、誰の心も動かせないものしか書けないでしょう。

それに、ほとんどの人は、どちらかといわれれば、旅が好きだと答えるはずです。けれど、どれくらいの期間で旅行したいのかも、旅先で何をしたいと思っているのかも、まったく違っていて当然ですよね。つまり、ざっくり「旅行」とひと括りに捉えている中には、マリンスポーツがしたい人も、世界遺産巡りをしたい人も、買い物三昧をイメージしている人も混じっているのですが、安易なターゲット設定は、その曖昧さを、いとも簡単に覆い隠してしまう危険性があるのです。

## ペルソナ設定の誤解

だからといって、「世帯年収はいくら、こういう場所に住んでいて、子供が何人いて、休日はこういう過ごし方をしている」などの細かい設定を決めて「ペルソナ」という「理想的なユーザー像」を作ればいいというわけでもありません。たいていの「ペルソナ」が実務上まったく機能しないのは、どれだけ詳しく描写したとしても、現実世界には存在しない架空の人物像、もっというなら、ユニ

**図1 ペルソナは“架空の動物”のようなもの**

コーンのような空想上の動物を作り上げているのが原因です。

というのも、「白い馬」は実在するし「角の生えた一角獣」のような動物も生息しているのですが、「角の生えた馬」になった瞬間に、その生態はわからなくなるからです 図1 。馬と一角獣を勝手に合成して作り上げた「ユニコーン」について、どれだけ時間をかけて考えたとしても、何に困っているのか、どんな言葉が響くのか、どうすれば行動したくなるのかなど、わかりようがありません。それどころか、自分たちに都合のよい妄想を広げるほど、実際の顧客像から乖離し、かえって売れなくなってしまいます。

## ライフコース・マーケティングの終焉

そもそも、売れる販促物を作るためには、年代や性別、居住地や職業、年収といった人口統計学的な属性（デモグラフィックデータ）や、ユーザーモデルは機能しません。例えば、「主婦だから、派遣やパートで働いているから、正社員だから、子供がいるから」といったライフコースによる区分は、価値観が多様化して、転職や起業も、結婚するか離婚するかも、子供を持つかどうかも何歳で産むかも自由になった今となっては、まったくあてにならないからです。

かつて独身も離婚も再婚も珍しく、転職もままならなかった時代には、頻繁に他のライフコースに移動することが難しかったため、典型的な考え方や行動傾向を想定できたかもしれませんが、今や、インターネットやスマートフォンの普及によって、生活環境が変わったとしても「情報」へのアクセスのしやすさに違いは見られなくなりました。もはや、「働き方が変わったから」とか「結婚したから」とか「子供ができたから」とか「もう40代だから」といって「考え方」や「行動」を大幅に変えなければいけない事情はありません。実際、周囲を見渡してみても、ライフイベントによって、これまでの好みや選択基準がガラリと変わるといったことは、ほとんど起こっていないことに気づくのではないでしょうか。逆に言えば、生活スタイルが極めて似ている人がいたとしても、必ずしも同じ考え方をするわけではないのです。

## 外側のスペックに意味はない

ダイバーシティが重視される昨今であればなおさら、外見上の特徴ではなく内面の共通点に着目すべきです。例えば、多くの人に支持されているお店を考えれば、いっけん多様な属性のバラバラの人が来店しているようでいて、同じ価値観を持っている人が集まっていることがわかるはずです。例えば、無印良品とニトリとＩＫＥＡのお客様は、いずれも老若男女さまざまですが、無印良品好きの人とニトリファンの人とＩＫＥＡを好む人とでは、購買時に何を重視するのかといった価値観や考え方が微妙に違っているでしょう。「年齢が違えば、別のものを好むはずだ」「金銭的余裕によって、選び方は変わるはずだ」「男女で欲しい商品は違っているはずだ」という偏見や固定観念を前提に、既存の区分に頼ろうとするほど「生身のお客様」を見る目を曇らせてしまうことになりかねません。

むしろ、年齢や性別といった外見的な特徴の共通点とは無関係に、星の数ほどある似たようなお店の中から、**あえて同じ店を選んで集まっている人に共通する考え方や感じ方**、つまり、「何を当たり前だと思っていて、どんなものは信用できないと思っているのか」といった内面の共通性が存在することを、もっと重要視すべきでしょう。

Key Point

**「生身のお客様」に向き合わないと、売れる文章は書けない。**

03

# 2つ目の思い込み 定量データは客観的で正しい情報

数字で表すことができる定量データの分析はもちろん重要ですが、数値の客観性を盲信しすぎるのは危険です。

## 数字を信じすぎることの危うさ

数字という客観的な情報で事実を正確に把握することは、あらゆる場面で重要です。けれど、購買行動を引き起こしているのは、外見からすぐにわかる属性でも、外側に表現された行動履歴でもありません。数値が指し示しているのは、あくまで「結果」のみ。行動を引き起こした「原因」であるお客様の内側にある感情も、どんな風に納得したのかという論理も、集計データから一義的に導き出されるものではありません。

とするなら、いっけん客観的に見える数値を扱っていたとしても、数値の分析をする段階や原因を推測して改善施策を検証するプロセスなどには、多くの主観が介在しているといえます。例えば、同じ数字を見ていても、改善の兆しがあると見るのか、停滞していると見るのか、また、共通点が多いと考えるのか、バラバラだと思うのかなど、データの捉え方は人それぞれ。さらに、どんなふうに集計するのかにおいても、各人の思い込みが反映されるので、**客観的な事実を見ているはずなのに、まったく逆の結論が導き出されることは**、十分ありうるのです。さらに、たとえ悪意がなくても、自分にとって都合のよい話を証明するためにデータの解釈を捻じ曲げたり、操作したりすることも起こりかねません。にも関わらず、数字のマジックで詭弁を通してしまう危うさがあるのです。

## 定量か定性かではなく、両方必要

既存客にインタビューをしたり、アンケートを取ったりすることで「行動の背景となる気持ちや経緯」などを知ろうとする「定性調査」は、主観的で捉えどころがない曖昧なものとして、あまり積極的に行われてはいません。けれど、リアルな顧客にまったく触れていない人が、数字を解釈しようとしても、自分自身の主観から導き出された仮説しか立てられず、すぐに行き詰まってしまいます。百聞は一見に如かずといわれている通り、**定量データを扱うためにこそ、いったん数字から離れて**、「うちのお客様は、いったいどんな時に気持ちが上がり、下がるのか」といった定性データを知っている必要があるのです。

残念ながら、ネットでの販売が当たり前になるほど、生身のお客様と顔を合わせる機会が減り、知

**図1 定量データと定性データのメリット・デメリット**

| 定量データ | 定性データ |
|---|---|
| 数値化できる量的データ | 数値化できない質的データ |

**定量データ**
- 収集しやすい、データ化しやすい
- 全体像や大まかな傾向を捉えやすい
- 数値の捉え方に主観や思い込みが入ることがある

**定性データ**
- 結果や行動に結びついた、背景・感情をつかみやすい
- 数値やデータの裏側にある深い情報を得られる
- 受け取る側の先入観が入り込みやすい

らずしらずのうちに、お客様を「手触りのある、一人の人間」として捉えられていない方が増えつつあります。けれど、ネット上で手に入る程度の断片的な情報をつなぎ合わせ、自分たちに都合のよい顧客像を仕立て上げているばかりでは、本当はどういう人が買ってくれているのかも、どういう気持ちで何を評価してくれているのかも、いつまで経ってもわからないまま。コミュニケーションの相手を知ることを面倒に思っている状態では、競合との差別化などできるはずがありません。既存のお客様と実際に話をすることで数字の裏側にある情報に体感的に触れておくことこそが、効果的な打ち手を編み出していくためにも、数字に翻弄されないためにも必須だといえます 図1 。

## 定性データの扱いにも注意が必要

思い込みが誤解を生むのは、単に数字を扱うときにだけ当てはまる話ではありません。誰もが先入観を持っているため、例えば、まったく同じ「お客様の声」に触れたとしても、そこから受け取るメッセージが人それぞれ違ってくることはよくあります。もし自分自身が「きっとこの特徴が評価されているに違いない」と思い込んでいるなら、それに反する情報があったとしても、そもそも気がつかないか、例外的な事象だと感じて無視してしまいがちになるのです。

けれど、既存客と実際に話をした経験があればあるほど、そのようなミスは起こりにくくなるはずです。日常生活でも、これまでに一度も会ったことのない人との文章のやり取りは、どういうつもりで言っているのか微妙なニュアンスを汲み取るのが難しく、どう伝えればすんなり受け取ってもらえるのか迷ったりすることがありますよね。けれど、実際に会ったことがある特定の人、しゃべったことのある実在の人を思い浮かべて読んだり書いたりするならば、「きっとこれは、こういう意味で言っているだろう」という予想ができるので、コミュニケーションが取りやすくなるのと同じです。

## 誰もが偏って世界を見ている

誰もが、真っさらのフラットな視点で世界を見ることはできません。自分と他の人とは、異なる経験をしてきた別の人間ですから、「こうあるべき」という常識や「こっちよりも、こっちの方が大切」という価値観がまったく違っていて当然です。あなたが見ている世界は、自分自身の常識に染められた色眼鏡越しに見えた色になっていますが、他の人は、また別の色のサングラスをかけているようなものです。

どれだけ「相手の立場に立ってみよう」と努めたとしても、自分のサングラスをかけたままでは、結局のところ、自分の枠を出られません。相手に何色が見えているかは、その人に聞いてみるまではわからないにも関わらず、「わかっているつもり」で、自分にとって都合のよい顧客像を作り上げ、「自分の目線から見たお客様」という幻想に囚われた戦略を立てるなら、本当のニーズや行動を見誤ってしまいます。効果的なマーケティングや売れるセールスコピーライティングの土台は、いかにして自分たちが抱える「思い込み」を退治するかにかかっているのです。

Key Point

**一般的なデータでは見えない部分にこそ、「宝物」が隠されている。**

04

# 3つ目の思い込み テンプレートやキーワード集は万能

他の誰かが成功したキーワードやフレーズを真似したからといって、売れるとは限りません。

## 魔法の言葉は存在しない

「刺さる言葉」や「響くフレーズ」といった万人に売れる魔法のような言葉やフレーズ、文章の型やテンプレートといったものは、残念ながら存在しません。それどころか、相手によっては「これさえ使えば、売れる！」という必殺フレーズが、かえって胡散臭いと疑われたり、嫌悪感を持たれたりすることもあるので、注意が必要です。

というのも、もし、あなたの好きな食べ物の魅力を身近な人に説明するなら、聞いてくれる人それぞれの興味や関心に合わせて、その人がもっとも魅力を感じてくれそうな特徴に焦点を当てて説明しますよね。相手が前提知識をどれくらい持っているのかによって伝えるべき内容も、どんな順番で話せばいいのかも変わりますし、これまでの関係性の深さによっても、言葉遣いが違ってくるのが当然です。つまり、まったく同じ物について説明する場合であっても、どんな説明が適切なのかは一義的に決まるわけではないのです。

## テクニックで売れるわけではない

そもそも「テンプレート」や「雛形」はあくまで容れ物に過ぎません。いい加減な言葉で空欄を埋めれば売れるわけではなく、**「うちのお客様に響く言葉」**を適切に当てはめられなければ、機能しないのは当然です。いっけんそれらしいものができたとしても、お客様にとって重要なポイントや意味のある言葉をはずしているならば、ラッピングばかり立派で、箱の中には何も入っていないようなもの。本当に大切なのは、「型」自体ではなく、**「自分のお客様にとって売れる言葉や響くフレーズ」**を知っていることのほうなのです 図1 。

型を使うかどうかは、いわば、ちょっとした調理方法の違いや、味付けの差だともいえます。カレー味になるか、肉じゃがが味になるかの違いがあったとしても、いずれも「材料」となる人参やジャガイモが必要なことに変わりがないのと同じです。世の中にテンプレートを使ってうまくいったという話がたくさんあるのは、すでに「材料」が手元に揃っている人が、豊富な素材を使って、よりおいしく調理できたという話に過ぎないのです。

**図1　響く言葉やフレーズは、相手によって違う**

## 徹底的にパクれ（TTP）の罠

インターネットマーケティングの世界では特に、競合他社のやり方を「徹底的に真似る」ことが推奨されています。けれど、先行事例を研究して自社の販促物の参考にする場合にも、顧客層や商品の違いを考慮すべきなのは当然です。もともと、あなたの商品やサービスは、他のものとは違っているのですから、本来、他の人が使っている言葉を借りて説明することはできません。たとえ「二匹目のドジョウ」を狙って、特にこだわりのない商品を作って参入した経緯があったとしても、よく思い出してみれば、商品を企画する段階では、多少なりとも工夫を凝らし、自分なりの改善を加えているはずです。

もし、まったく同じ商品やサービスを扱っている販売店であったとしても、「あなたのお客様」と「隣の店のお客様」とは、思っている以上に違っています。

例えば、「数あるコンビニの中でも、ついこの店に行ってしまう」とか「水を買うなら、なぜかこのブランドのものを手に取りがち」といったことは、誰にでもありますよね。つまり、「うちの店や商品」と「よその店や商品」には、やはり「違い」があり、別の客層に響いているのですから、まったく同じ見せ方にはできないのです。

「自分のお客様」たちに、何をどう伝えれば動くのかがわからない状態なら、いったい他社のどこを真似して、どこは真似るべきではないのかにすら気づくことができません。スラスラと売れる文章を書けないなら、そもそも顧客理解が足りていないことにまったく気づいていないことが原因なのです。

Key Point

**「材料」がない状態でテクニックに走るのは、中身のない箱を飾るようなもの。**

05

# 4つ目の思い込み 「コンセプト」や「世界観」があれば売れる

販促物を勘や感覚で作っている限り、当たりはずれの大きさに永遠に振り回され続けることになります。

## 「よい」商品やサービスは当たり前

インターネットのおかげで、誰でも簡単に世界に向けて売ることができる今の時代のビジネスは、同時に、世界中のライバルとの競争に常にさらされている状態にあるともいえます。もし近所に数軒しか店がなければ、品質がよいだけでも評判になったかもしれませんが、数多くの選択肢がある上、口コミや評価までが簡単に調べられる今では、単に「よい」くらいでは、当然期待される「最低限」のレベルに過ぎません。

ましてや生活に必要な商品やサービスは、ほぼすべて揃っている状態です。どうしても欲しいというほどの渇望感が薄く、どれを買っても失敗しないほど全体のレベルが高く維持されている中、あっと驚くほど感動するものを作り出すことは至難の技でしょう。つまり、どんなにこだわっているつもりでも、品質や性能の違いだけでは、他と違ってあえて選ばれるというほどの付加価値にはなりにくいのです。

## 「絶対にこれでなくては」と言ってくれる人を探せ

だからといって、「どこにでもあるものを扱っているから、他との違いなどない」などと卑下する必要はありません。あなたの売っている商品やサービスが1つでも売れたことがあるならば、お客様にとっては、似たような商品やサービスの中から、あえて選ぶだけの理由があったと考えるべきです。うちのお客様は、たまたま選んでくれたのでも、他でもよかったわけでもないのです。たとえ、どこでも売っているものを扱っていたとしても、他の店ではなく、あえてうちが選ばれているのには、必ず理由があります。

すべての人のすべての用途にぴったり合う商品やサービスなど存在しない以上、マーケティングやセールスライティングにおいて、もっとも重要なのはマッチングだと言っても過言ではありません。誰にでも売りつけようとするなら、悪質な「押し売り」になりかねませんが、本当に必要な人のもとに届くように、商品やサービスとお客様をつなぐ「かけ橋」をかけるなら、歓迎される「親切な提案」になるはずですよね。

図1 「他ではダメなの！これでなくては」というお客様に届ける

つまり、私たちが必要としているのは、「うちでも、他でも、どこでもいい」と思っているお客様ではなく、相思相愛の「ど真ん中のお客様」を探し出すことであり、どこかに必ずいる「他ではダメなの！これでなくては」といってくださるお客様だけに届ける方法だといえます 図1 。

## ブランディングや世界観には根拠が必要

集客したいなら、すべてにおいて一貫性が必要です。バラバラなメッセージを発信してしまうと、誰に何を届けようとしている何屋さんなのかがわからず、自分に合う商品やサービスなのかを見分けられなくなるため、メッセージを絞り込む必要があるわけですが、たいした根拠もないまま勘や好みで方向性を決めたり、自称コンサルタントに丸投げしたりするのは博打のようなもの。狙って確実に当てたいなら、事実から確実に一つを導き出す「根拠」が必要でしょう。

特に、インターネットの世界では、すべての情報が競合他社に筒抜けになり、真似されやすくなるため、ちょっと言葉を入れ替えた程度で誰もが使えるようなものを出すのは、リスクでしかありません。自分だけの強みを尖らせて、他社が安易に真似をしようとしたら、かえって不利になる見せ方にしなければ、すぐに潰されてしまいます。

けれど、「とにかく違えば何でもよい」わけではないのです。売り手が「独自性」を出して「差別化」したつもりでも、まったく購買の決め手にならないなら、意味がありません。何でもいいから自己開示をすれば、共感してもらえるわけではないのです。「素人にはさっぱりわからない違い」や「お客様から見て、それほど意味がない差」であれば、あえて選ぶ理由にはなりませんから、あくまで、お客様にとって意味があるものを見せる必要があります。

## 直感派の行動原理を言語化する

どんな商品やサービスでも、その魅力は多面的なものであり、どこに光を当てるかによって、まったく見え方が変わってくるものです。その中で、いったいどの面を見せ、どこに軸を据えればいいのかというと、「うちのお客様」にとって意味があるかどうかが唯一の基準になるはずですよね。「他社のお客様」に響いているものを真似たとしても、「うちのお客様」が見たくないなら、どれだけ美しく作った販促物でも、滑ってしまうのは当然です。

「うちのお客様」にとって意味のあるポイントを確実に見つけ出すには、既存客の声が非常に大きなヒントになります。もし、現時点では、自社の強みがうまく表現できていない状態であっても、問題ありません。初期に購入してくださるお客様は、細かい説明抜きでも言外ににじみ出ている魅力を捉えて「なんとなくよさそう」と反応してくださる直感の鋭い方たちだからです。他でもうちでもよかったから適当に買ったというわけではなく、「ピンッときた」という言葉の裏には、星の数ほどある競合他社ではなく、あえてうちを選ぶ確かな理由が存在しています。つまり、既存客が何を評価してくださっているのかを言語化することができれば、勘やセンスに頼らずとも、根拠を持って、ブランディングや世界観の軸を見つけることができるのです。

Key Point

**「これでなくては！」と言ってくださるお客様の声こそが、すべての「軸」となる。**

06

# 5つ目の思い込み お客様を知るためには「市場調査」

「市場調査」（マーケティングリサーチ）でお客様を知ることは、本当に可能なのでしょうか？

## マーケティングリサーチは多くの人にとって不要

「どんな商品やサービスを、いつどんな場所でどうやってアピールすべきか」の検討は、まず、あなたの商品やサービスを購入してくれる可能性のある「未来のお客様」について詳しく知ることから始まります。けれど、一般的に、マーケティングや商品開発において不可欠だと考えられている「市場調査」や現在よく知られている意味での「リサーチ」は、売れる文章やデザインを作る上では、むしろ邪魔になることがあります。

というのも、リサーチ会社に依頼して商品やサービスについての一般的な傾向を分析したり、インターネット上でどんな発言が多くされているのかを調べてみたり、といった間接的な方法で市場規模やトレンドがわかったとしても、結局、うちの商品やサービスを具体的にどう売るべきかは、わからないままになることが多いからです。

売るために必要なのは、買うか買わないかを分ける「決め手」が何なのか、つまり、「お客様が迷った末についに買う決断をするときには、どんな感情や思考になるのか」についての情報です。けれど、人間を「群れ」として見れば見るほど、一人一人の行動の裏にあるものは、掴みにくくなってしまいます。

大きな会社が商品開発時にやっている市場調査は、大手が参入するだけの旨味がある事業規模かどうかを検討するために行われることが多く、そもそもの目的が違っていることを冷静に考えてみるべきでしょう。顔の見えない誰かの語る無責任な一般論や全体傾向ではなく、他でもない「うちのお客様」から得られるリアルな情報にこそ、売るための「材料」が詰まっているのです。

## 「3C分析」は必要か

セールスライティングやマーケティングの世界では、「3C分析」と呼ばれるフレームワークに沿ったリサーチが推奨されることがありますが、多くの場合、あなたが「競合している商品や会社」と聞いたときにイメージする内容と、お客様が頭に思い浮かべるものとは、異なっています。

■Customer：顧客
■Competitor：競合
■Company：自社

あなたのお客様は、あなたがベンチマークしているライバル会社のことなど、まったく知らないかもしれないし、あなたが競合だと思っている商品を気にも留めていないかもしれません。にも関わらず、その会社の商品に勝てる文章やデザインを考えることには意味がありませんよね。売るために必要になるのは、あくまで「うちのお客様」がどこと比較してどう思っているのか、「お客様目線」での情報です。

逆に、もし、思いもよらない商品やサービスと比べられていることがわかったなら、お客様が意識している商品との違いをしっかり説明する必要があるのは当然です。つまり、本当に分析しなければならない「競合」は、**お客様の頭の中の競合、もしくは、実際にお客様の財布や時間を取り合う関係にあるものだけなのです。**

うっかり、自分の頭の中だけで考えると、どうしても自分の思考の枠から出ることができず、お客様目線から外れがちになります。お客様にとっては、あってもなくても変わらない技術や性能を過大評価したり、逆に、お客様にとっては意味のある特長なのに、あまりに業界で当たり前になり過ぎているため見逃してしまったり……自分が専門家になり過ぎていることに気づかないまま、一般の人との知識や語彙のギャップを埋める努力を怠って、本来伝えるべき情報が欠落しがちになります。

けれど、大切なのは、あくまで自己評価ではなく、「お客様」が魅力的だと思っているポイントなのです。下手に競合調査を行って、かえって自分の強みがわからなくなったり、自分たちの目線での特徴に囚われすぎたりするくらいなら、はじめから「うちのお客様」はいったいなぜ購入したのか、どこを他とは違うと評価したのかという点のみにフォーカスするほうが近道でしょう。つまり、すべては「顧客」を知ることに集約されることになります。

## 未来のお客様と既存顧客との関係

おもしろいことに、これから買ってくれる可能性のある「未来のお客様」とは、すでに購入した経験のある「既存顧客」と同一です。実は、「誰に売れるのか」は自分で選べるものではなく、どんな人がどんな理由で気に入ってくれるのかを予想することも、勝手に客層を変えることも、ほぼ不可能です。というのも、お客様は、あらゆる情報を総合的に判断し、その店の姿勢や商品特長を理解して買っているのであって、何もわからず適当に選んでいるわけではないからです。売り手や商品が同じである以上、見せ方で工夫できる幅はそれほど多くはなく、今後も似たような人が引き寄せられてきます。

「説明を読まずに直感で購入できる人たち」と、「詳細まで納得してから買う人たち」との間にも本質的な差はなく、同じ商品やサービスのアイデンティティに引き寄せられてくる人たちの「価値観」は似通っているのが普通です。例えて言うなら、ファッションやメイクをガラリと変えても、その人個人の人柄は変わらないし、その人の周りに集まってくる人たちの本質が変わらないのと似たようなもの。つまり、「今集まってきているお客様」のことを詳しく知ることは、実は、「未来のお客様」を理解することに直接つながるのです。

Key Point

**一般的なデータに逃げず、「既存のお客様」を具体的に知ることから始まる。**

07

# 6つ目の思い込み アンケートを取れば、お客様がわかる

アンケートを取ればお客様の「リアルな声」がわかると思いがちですが、アンケートで得られる情報は、かなり限定的です。

## アンケートには種類がある

本気で自分のお客様たちについて知りたいと考え始めたとき、多くの人は、まずは手軽に始められるアンケートを使おうと考えます。けれど、アンケートの作成は、多くの方が思っているよりもずっと難しいため、「試したことはあるけど、よい回答が得られない」という結果になりがちです。

あまり知られていませんが、実は、アンケートにはさまざまな種類があり、目的によって聞くべき内容が大幅に違っています（次ページ 図1 ）。例えば、「顧客満足度」を尋ねるアンケートでは、必然的に「商品やサービスを使用した後」の感想を聞くことになります。けれど、売るために必要なのは

**図1 アンケートとひと口にいっても、目的によって種類はさまざま**

| アンケートの種類 | 目的 | 対象 |
| --- | --- | --- |
| 材料集めのためのアンケート | 過去の購買理由を聞く | 購入後の人 |
| 企画開発のためのアンケート | 今の悩みを聞く | 購入前の人 |
| 品質改善のためのアンケート | 今の不満足ポイントを聞く | 購入後の人 |
| 感想を聞くためのアンケート | 今の満足ポイントを聞く | 購入後の人 |
| 感情誘導のためのアンケート | 読み進めるうちに特定の感情に誘導する | 購入前の人 |

一般的に出回っているアンケートでは、売れる文章を書くときに必要なデータを入手できない

「今」どう思っているかではなく、「過去」の購買決定の瞬間に何が起こっていたかのほうですよね。「購入を決めた瞬間に期待していた内容」と「今、気に入って使い続けている理由」は、往々にして異なっているものです。つまり、なぜいつもは購入しないのに今回は買ってしまったのか、似たような商品が他にもあるのに、なぜ思い切ることができたのか、最終的に何が決め手になったのか、といった商品を「使う前」の情報が必要なのにも関わらず、「使用後」の話をいくら聞いても、売るための「材料」を集めることはできません。

また、アンケートほど「感情」が誘導されやすい媒体はありません。回答するには、すべて設問や選択肢を読む必要があるため、例えば、改善点を尋ねる設問が1つ混じるだけでも、お客様は積極的に欠点を探し始めてしまいます。けれど、どんな商品やサービスにも長所もあれば短所もあるのは当然です。それに、あえて低い評価をつける人たちは、「本来、競合他社に

行っていただいたほうがよかったはずの売るべきではない人」であり、うっかり届けてしまった結果ついた評価かもしれません。にも関わらず、すべてを「うちのお客様の声」だと捉えると、かえって判断を誤ります。

売るために積極的に聞くべきなのは、あくまで「よかったところ」なのです。いったん「悪いところ」に焦点が当たり始めると、満足していいたはずのお客様の気持ちまで下げてしまうことにもなりかねません。何に使うアンケートなのか目的をよく確かめないまま、本来使うべきではない見本の真似をして作ってしまうと、せっかく集めた回答も、ほとんど役に立たないのです。

## 質問や選択肢が悪いと機能しない

もし、目的に合ったアンケートを作成できたとしても、細かい部分にまで気を配ることができないと、期待した結果が得られません。もし、回答の負担を減らすために「選択肢」から選ぶ形式にするなら、すべての人が難なく選ぶことができる選択肢を、もれなくダブりなく作る必要がありますが、作成者がまったく気づかない落とし穴がたくさん存在するので、注意が必要です。

例えば、「既婚・未婚」という選択肢しかなければ、離婚した人はどちらを選ぶべきか悩みますよね。結婚した経験がある以上「未だ結婚していない」という選択肢は選びにくいし、とはいえ、一般的に「既婚」といえば、今も継続して結婚している人のことをいうとするなら、どちらにも当てはまっていないように感じるのは当然です。けれど、多くのアンケート作成者は、答えにくい設問があったり、しっくりくる選択肢が存在しなかったりする例が多発していることを自覚できていません。もし不適切な設問や選択肢がいくつも続いたら、まじめに答えようという意欲すら削いでしまうため、アンケート結果の精度に関わります。また、選択肢があることによって、本来思っていたことや感じていたことではなく、アンケート作成者の主観に誘導されてしまうことも、ままあります。選択肢に書かれている内容を読んだ瞬間に、はじめから自分もそう考えていたように錯覚してしまうからです。

となると、自由記述式で回答を集めたいところですが、子供時代に作文が得意だった人は、ごく一握りですよね。つまり、自分の意見を書くということ自体に馴染みがない人に、文章を書かせようとすること自体が、かなりハードルの高い要求だといえるでしょう。

## 本当は「なんとなく」買っている

実は、ほとんどの人は、購買理由を聞かれても、明確に答えることができません。あなただって、最近、購入したものを、なぜ買ったのかと聞かれても、うまく答えられないのではないでしょうか。もちろん、自分の中のどこかには明確な選択基準があったはずですが、欲しくなった理由を言葉で説明する場面など、そうそうありませんから、言語化できていないのが普通です。

ところが、無理に言葉にするように迫られると、本当は「なんとなく」という答えが正解であったはずなのに、苦し紛れにその場で咄嗟に考えついた内容こそが真実だと自分でも思うようになります。購買決定の瞬間に無意識で下した本当の理由と、あとから意識が作り出した理由が、大きくかけ離れていたとしても、人間は自分の言動に一貫性を持ちたいという本能的な欲求を持っているため、たまたま頭で考えついたばかりの理由に飛びついてしまうことになるのです。

マーケティング、特にセールスライティングにおいて必要な情報は、後付けの表面的な理由ではありません。行動の原動力になった本当の理由のほうが知りたいのです。そして、まだ本人も意識できていない、言葉になっていない部分にこそ、本来必要な「宝」が隠されているとしたら、自分自身ですでに言語化できている範囲でしか書くことができないレビューやアンケートでは、どうしても表面的な情報に終始しがちになります。また、形式的な制約から、聞くことができる量にも自ずと限界あるため、アンケートやレビューに現れている情報だけでは、常に解釈間違いの可能性があることには、常に注意が必要でしょう。

Key Point

**まだ言語化されていない情報にこそ、宝物が詰まっている。**

08

# 7つ目の思い込み お客様から「本当の声」は得られない

ユーザーインタビューでお客様から「本当の声」を引き出せないとしたら、あなたの「聞き方」に原因があるかもしれません。

## インタビューは難しい？

「ユーザーインタビューで話を聞いても、嘘が多いから使えない」「お客様に直接聞いた話を、どんな風に使えばいいのかわからないし、手間の割に得られるものが少ない」などと思っておられる方もいらっしゃるかもしれませんが、インタビューにおいても、アンケートの場合と同じく、質問が悪いとよい答えが引き出せません。

そもそも、多くの人が顧客インタビューに失敗する最大の原因は、自分の商品やサービスについて聞こうという想いが強すぎて、質問攻めにしてしまうことにあります。店舗販売であってもネット販売であっても、商品やサービスを買ってくれるのは、生身の人間です。つまり、コミュニケーションの相手方である**「その人」**について、本気で詳しく知ることこそがインタビューの目的のはずですが、うっかり「うちの商品やサービスのよさ」を聞こうとしてしまうのです。

いきなり質問されても答えの用意がない上、次々と質問をされると、まるで尋問を受けているような嫌な気持ちになって、どんどん心が閉じていき、スムーズに話しをすることもできなくなります。

## 妄想ではなく、事実を追いかける

インタビューの本質は、表面的に得られる「答え」にあるわけではありません。というのも、言葉で伝えている内容と、実際の行動が違うことは、日常生活でもよくあるからです。例えば、本人が思っている「好みのタイプ」と「実際に付き合ってきた人のタイプ」とがあきらかに違っている場合、どちらが本当のその人の「好み」なのかといえば、行動が指し示しているほうですよね。それと同様に、たとえ本人が気づいていないとしても、言葉で伝えられた妄想よりも、**無意識的に表れている実際の行動のほうにこそ、大きなヒントがある**のです。

もし「ユーザーインタビューをしてみたけれど、うまくできているかどうかがわからない」「意味のある話が聞けていない気がする」という場合には、表面的な言葉にすぐに納得してしまい、**事実ベースの裏付けが取れていないこと**が主な原因です。すぐに次の話題に移ってしまうようなやり方では、不確かな言葉に翻弄されてしまうだけでなく、その発言をしたお客様本人にとっても違和感があ

図1 お客様の頭の中のイメージを具体化していく

る、ぎこちない展開になってしまいがちです。

そのため、具体的に起こった事実に着目し、まるで現場検証しているかのように聞いていくことで、お客様の頭の中にある情報を正確に引き出していく必要があります。**お客様の頭の中にあるイメージを具体化してはじめて、同じ言葉を使っていても、自分自身が考えていた内容とは、まったく違った意味で使われていたことに、気づけるからです** 図1 。

## 思い込みに共通する問題点

いずれにせよ、一般的に正しいといわれていることであっても、使いようによっては大きな事故につながりかねない最大の原因は、「あなたのお客様が本当はどういう人なのか」がわかってないという点に集約されます。商品やサービスの売り買いは、人間が相手のコミュニケーションの一つ。相手が変われば、適切な対応方法が異なるのは当然でしょう。漠然としたグループと捉えて満足していたり、勝手な妄想で実在しない人を相手にしようとしたり、完全に解釈を間違っていることに気づいていなかったりするから、うまくいかないのです。けれど、逆にいうなら、**コミュニケーションの相手方が明確になれば**、すべての問題が解決するのですから、難しいことではないはずです。

顧客の解像度を高めるには、「本当はわかっていないのかもしれない」「実際に聞いてみると、まったく違うことを考えているかもしれない」と自覚していることが大切です。もちろん、お客様に話を聞きに行くことに心理的抵抗を感じる方が多いのは承知しています。多くの人はできればやりたくないし、できるだけ後回しにしたいと考えるものです。けれど、パソコンの前で一生懸命考えたくらいでわかるくらいなら、誰も苦労はしていません。本当のところは、お客様に聞いてみないとわからない以上、実際にやるかやらないかの差が大きな違いをもたらすのです。

Key Point

**既存のお客様の無意識的な行動が、「宝探し」の鍵を握る。**

COLUMN

# 日々のお客様とのやり取りにも「宝の原石」は眠っている

今使っているホームページやチラシ、SNSの発信で、あなたの商品やサービスの魅力は、どれくらい伝わっていると思いますか？

「一〇〇%伝えられている！」と自信を持って、言うことができるでしょうか？

これまで多くの方にこの質問をさせていただきましたが、「二〇%くらいしか伝わってないと思う」「せいぜい半分くらい？」と答えられる方が過半数。「八〇%くらいは、いけている気がする」という方も、あと二〇%は改善の余地があるわけですから、「一生懸命に説明しているつもりだけど、伝わっている気がしない」「どんな風に伝えれば、売れるのかわからない」「そもそも何を発信すればいいのかも、よくわからない」といった悩みは、多くの人に共通のものだといえるでしょう。

けれど、商売をしている以上、日々のお客様とのやり取りはネタの宝庫。ですから、無理におもしろい話を考えようとしなくても、ちょっとしたコツをつかめば、誰でも書けるようになるに決まっています。口頭で売れるなら、文章でも売れるのは、当たり前のことなのです。

ぜひ、この機会に、苦手意識を捨て去り、文章でも「一〇〇%伝えられている！」ところを目指していただければと思っています。

Quest

2

# 「宝探し」のスキルを身につけよう

01

# 文章で売るのは、思っているより難しい

目の前のお客様を接客する場合、相手の反応を見ながら話し方や説明を変えられますが、ネットで売るなら、そうはいきません。

## 一方通行の文章では、少しのミスも致命傷に

あなたは「ネットで売る」のと「対面で売る」のと、どちらが難しいかを考えたことがあるでしょうか。

**インターネットで売るとは、すなわち「文章で売る」**ことに他なりません。そして、「文章」には、双方向性がないため、説得の難易度は格段に上がります。すぐ目の前にお客様がいるなら「何を探しているのか」、「どんな目的で使うのか」を確認しながら提案できるだけでなく、話し方や言葉遣いなども自在に変えることができます。不十分な説明を後から補足することも、迷っている人の背中を

**図1 インターネット上で商品やサービスを売る難しさ**

**インターネット上で売るということは…**

- 物理的に画面の先の相手が見えず、リアクションがわからない
- コミュニケーションが一方通行で、一度のミスが命取りになる
- 一人二役で、相手の言葉を先回りして書く必要がある

↓

**誰に宛てた文章なのかを明確にする！**

→ 相手のことがよくわかっていれば、
何を伝えればよいかは、自ずとわかる。

そっと押すのも簡単です。

ところが、文章で売る場合には、事前に作られたセールストークを一方的に流し続けているようなもの。相手にうまく伝わっていないと気づくことも、一度書き上げた文章を状況に応じて即座に軌道修正することもできません。読むのを途中でやめそうな人がいたとしても手の施しようがないのです。つまり、文章での説明では、あらかじめ「相手の反応」を予想して、どんな言葉が響くのか、何をどんな順序で伝えれば気持ちが動くのかを詳細に知っている必要があります（図1）。

「きっとこの言葉を読んだら興味を持って読み進めてくれるだろう」とか「このままでは胡散臭いと思われてしまうだろう」といったことがわからない状態では、続きを読んでもらうことすら、ままなりません。書き始める以前に、相手のリアクションを知り尽くしているからこそ、タイミングよく相手の気持ちを代弁して擬似的な双方向コミュニケーションを演出した

り、相手の疑問を先回りして解決して信用を勝ち取ったりすることができるのです。

## 当たり外れが激しいなら、やり方が間違っている

特にインターネットで売る場合には、残念ながら、画面の向こうにいるお客様の実態を知る機会がほとんどありません。デジタルマーケティングの台頭であらゆる接点が数字で追えたとしても、その背景にある情報、例えば「どんな経緯で行動に至ったのか」という肝心な部分は、依然として謎に包まれたまま。そのため、大手企業であっても、「誰がどういう気持ちで買っているのか」を具体的に把握できておらず、「想定している客層」と「実際に購入している客層」が乖離していたり、当たるかどうかは実際に出してみるまでわからないという状況に陥ったりしがちです。

けれど、本来、「なぜこのキャッチコピーが注目を集めることができると言い切れるのか」「どうしてその文章やデザインでなければいけないのか」といったことは、制作時点で論理的に説明できて然るべきです。数ある選択肢から絞り込んだ理由が不確かなら、個人的な好みや偏見、もしくは惰性で決めているに過ぎないといわれても仕方がないでしょう。

そもそも、プロのセールスコピーライターが依頼を請けるたびに「まったく知らないお客様」に「まったく知らない商品やサービス」を販売する文章を短時間で納品し、狙って当てることができる理由は、経験やテクニックによるものでも、勘やセンスによるものでもありません。**まずは「材料」を集めて、その中から「原石」を見つけ出し、**磨いてから組み立てていくという、再現性のある作り

図2 売れる文章を作るステップ

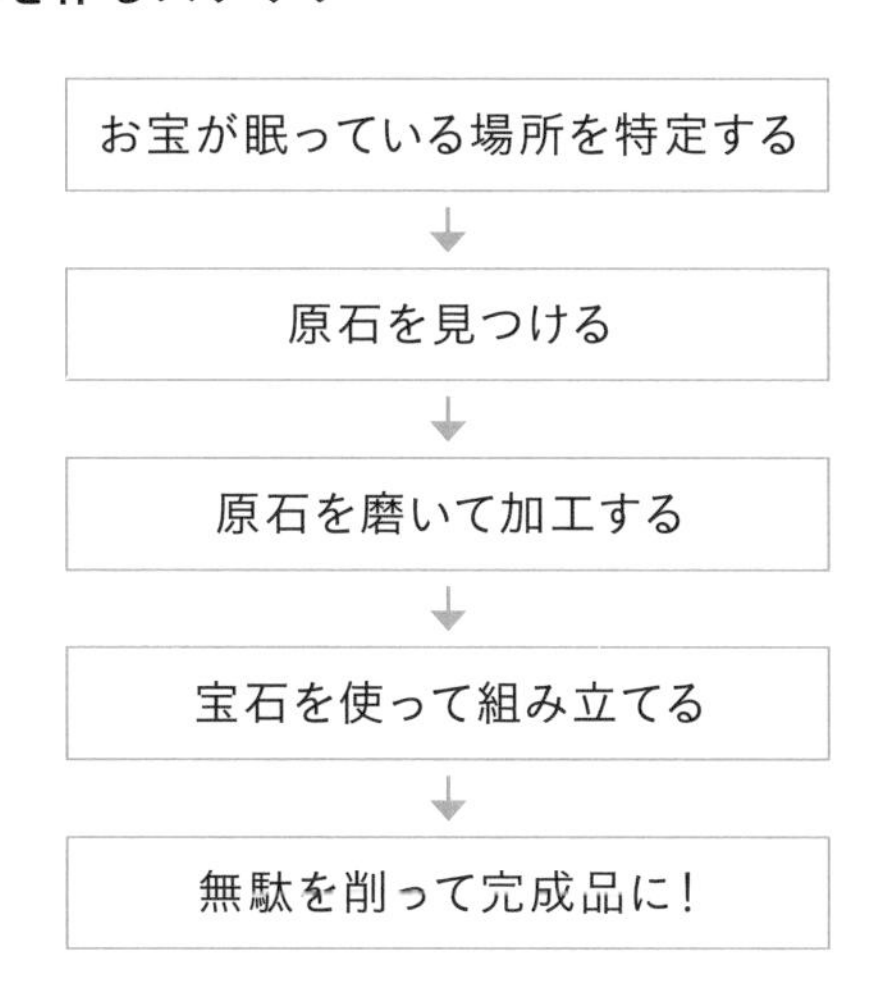


方をしているからです 図2 。つまり、手順を知っていれば、熟練の技や特別なレシピなどなくとも、誰でも短時間でスラスラと売れる文章を作ることは可能なのです。

## まずは文章の「材料集め」から

売れる文章の「材料」は、主に「既存客の声」にあります。文章で売るには、当然ながら「言葉」が必要ですが、売り手から発せられたポジショントークは、本当に信じてよいのか疑わしく感じることがありますよね。その点、一足先に試した第三者の生の声は、より客観性が高く信頼できるように感じられたり、より日常に即した直感的に理解しやすい特徴説明になっていることが多いもの。けれど、それだけではありません。既存のお客様が普段の生活で使っている言葉には、「人を動かす力」があるのです。

私たちが日常で使う言葉には「聞けば意味はわかるものの、自分で積極的に使うことはない」という語彙と、「いつもの会話で自分がよく使っている」という言葉の範囲があります。そして、聞き慣れないものほど、パッとイメージが浮かびにくく、理解するのにも時間がかかるため、もし意味がわからなくてもとりあえず聞き流し、前後の文脈などでどうにか理解を補いながら、意思疎通を図っているはずです。

もちろん、普段のコミュニケーションにおいては、意味の不確かな言葉が一つや二つ混じっていたとしても問題にはなりません。けれど、論理的に説得を試みるような場面ではどうでしょうか。本当は腹落ちしていなくても、わざわざ聞き直して、正確な意味を確認することなどまずありませんが、知らない単語が積み重なっていくと、どこかのタイミングで話についていけなくなってしまいます。そして、内容がわからないまま何かを買おうという人はいない以上、売れることもないのです。そのため、特に「売るための文章」においては、「売り手が使っている専門用語」ではなく、「お客様が日常生活の中でよく使っている平易でわかりやすい言葉」で語りかける必要があります。既存客が使っている言葉は、まさにそのまま、未来のお客様にとっても伝わりやすい表現になっているからこそ重要なのです。

また、お客様の声には、商品やサービスを使ったときの喜びや感動をストレートに伝えているものが多く、言葉自体にも強いパワーが宿っています。そのため、気持ちがストレートに伝わってくるユーザーボイスは、単に「事例」として紹介できるだけでなく、一部のフレーズをそのまま魅力的な「キャッチコピー」や効果的な「商品特徴の説明」にも使うこともできますし、売れる文章を作る際のもっとも大切な材料にもなるのです。俗に「リサーチ結果をすべて頭の中に入れて、散歩に出たらコンセプトが降ってくる」とか「シャワーを浴びていたら構成が浮かぶ」といわれることがあるのは、偶然のひらめきに期待しているのではなく、脳内で「多数のお客様の声」の中から共通点を見つけ出して構造化する作業をやっている結果に過ぎません。**お客様の声は、磨けば光る「原石」のようなもの**で、ひと手間加えることで、売れる文章の主要パーツを再現性高く生み出すもとになるのです。

そこで、まずはいったい何が「宝物」で、それらをどうやって見つければいいのかという「材料集め」のプロセスから、実際の文章に組み立てていく方法を順を追って説明していくことにしましょう。

Key Point

**「お客様の声」を材料に書けば、狙って当てることが可能になる。**

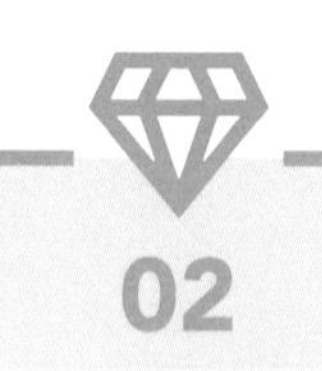

02

# 宝の原石は「具体性」の中にある

一〇〇人のうち、たった一人のお客様だけが買ってくれたとしたら、そのお客様を動かした気持ちは感情はどんなものだったのでしょうか。

## 好奇心こそ、はじめの一歩

よくマーケティングやセールスライティングは恋愛に例えられますが、誰だって、相手の気持ちをまったく考えない一方的な人とは付き合いたくないですよね。それと同様に、商品やサービスが売れるかどうかという「自分の感情」にばかり囚われて、「お客様の感情」に考えが至っていないなら、そもそも「宝探し」に出かける準備ができていないと言っても過言ではありません。まずは、自分自身の商品やサービスはいったん脇に置いて、本気になって「自分たちのお客様」について知ろうとする姿勢が必要です。

もし、あなたが「売れて当たり前だ」と考えているならば、お客様に興味を持つことは難しいかもしれません。けれど、成約率1％のホームページは、99人が商品やサービスの前を通り過ぎてしまう中で、たった1人だけが購入の決断をしたことを意味しています。店の前を通りすぎる人全員が購入してくれるわけではなく、奇跡的に選ばれているのです。

そう考えると、なぜ、圧倒的大多数が無視する中で、その人だけが行動に至ったのかが不思議に思えてきませんか。しかも、昨日なら買わなかったかもしれなかったのに、その日に限って買ってしまったとするなら、いったいどんな人が、どうして今回に限って購入したのだろう、その瞬間にいったい何が起こったのだろうと、むくむくと好奇心がわいてくるはずです。つまり、「うちのお客様について、もっと知りたい」「自分とはまったく違う考え方をする人がいるなんて興味深い」と思えること自体が、売れる文章の「材料集め」を始める大前提になります。

## 知りたいのは「感情の変化」

お客様が購入しているのは、厳密に言えば、あなたの商品やサービス自体ではありません。お客様は「自分自身の変化」にお金を出しているのです。商品やサービスは、あくまで、その「変化」を生み出す手段の一つ。例えば、あなたが扱っている商材がダイエットに関するものであれば、お客様は「痩せた自分」になるために、もっと言うなら、痩せたときに感じるだろう「気持ち」が欲しくて、お金を払っています。つまり、**商品やサービスを購入した結果として得られる「感情」**には、それだけのお金を払う価値があると思ったからこそ、あなたの商品やサービスを購入したのです。
とするなら、売るための文章でもっとも大切なのは「現在どんな状況で、今どんな気持ちなのかというビフォーの状態」と「商品やサービスを使った結果、どんな自分になることができると期待しているのかというアフターの状態」を把握できていることだといえます。相手がどんな感情の変化を求めているのかわからなければ、**文章を通じて相手の「感情」をビフォー状態からアフター状態へ動かす**ことができないからです。

## 外から見えない「気持ち」を知るには

子供の頃に喧嘩をして「相手の気持ちになって考えなさい」と怒られた経験は、誰にでもあるのではないでしょうか。おもしろいことに、自分の立場から相手を見ていると、どうしても自分が正しくて相手が悪いとしか思えませんよね。どんなに相手の気持ちを「想像しよう」としても、どうしても自分の主張が先に立ち、自分の基準で相手を評価してしまいます。つまり、自分の位置から世界を見ている限り、自分に都合のよいことしか思いつかず、本当は相手がどんな気持ちなのかわからないものなのです。

けれど、もしロールプレイのような形で「相手の役」を自分が代わりに演じてみるなら、どうでしょうか。**相手の目線から世界を眺めてみる**ことで、はじめてその人が置かれた状況が理解でき、自分が考えていたのとはまったく違う相手の気持ちがようやくわかってきたりするものです。顧客の本当の気持ちを理解する過程も、それとまったく同じです。自分の目線にしがみついたまま、相手を外側からじろじろ眺め回すことで理解しようとしても、本当はその人がどんな風に感じているのかはわかりません。そうではなくて、まるで「その人の着ぐるみ」に入って、周囲を見渡すかのように、**お客様の内側から、その人がどんな状況に置かれているかを体感することが重要なのです。**

すべての事象はいろいろな側面を持っているので、**ほんの少し違った角度から見るだけでも、まったく異なった形に見えるもの。**つまり、今あなたの目線から見えているのは、あくまであなたが認識している世界に過ぎません。「お客様の目線に立つ」とは、お客様の目線に立った「つもり」になるのではなく、その人の目線から何がどんな風に見えているのかを追体験することによって、その人の内面に生じた「感情」を手触り感を持って知ることにあるのです。

## 感情は、周囲の景色と結びついている

「感情」は、極めて主観的で捉えどころのないもののように思われるかもしれませんが、実際には「環境」に支配されているに過ぎないともいえます。ほとんどの人間は、まったく同じ状況に置かれれば、同じ感情を抱くものです。もしそうでなければ、小説や漫画、映画などのストーリーで、手に汗を握る経験をし、主人公の感情を追体験することなどできませんよね。つまり、**その感情がどんな「場面」で引き起こされているのかが特定できれば、**その場でその人の感じた気持ちを擬似的に味わうことができるのです。

図1 相手はあなたとまったく違う場面をイメージしているかもしれない

例えば「散歩に行って、気分爽快になった」と言われただけで「その人の気持ちがわかった」と思うのは早計です。その人の言う「散歩」は、あなたが今思い描いた「散歩」と同じものだとは限らないからです。オリンピック選手と普段運動しない人では基準が違うように、どんな強度でどこをどんな風に歩くことを「散歩」と定義するかは人によって違うのですから、「爽快」の意味合いも、人によって微妙に違っているはずです。

つまり、いっけん相手が感情を語っているように思えたとしても、それだけでは本当のところはわからないはずなのですが、多くの人は「散歩は爽快なものに決まっている」という個人的な先入観から、詳細を確認することはありません。結果、自分と相手の常識や経験の違いが仇となり、思い描いている「場面」に大きなズレがあることに気づかぬまま、表面的な会話に終始することになるのです 図1 。

もちろん、お友達同士の会話であれば、さらりと流してしまってもかまいませんが、顧客の本当の「感情」を正確に知りたい場合には、常に「自分のイメージしたもの」と「相手が思い描いている景色」はまったく違っているかもしれないという可能性を意識しておく必要があります。

Key Point

**目に見えない「気持ち」を知るために、「場面」を共有する必要がある。**

03

# 宝探しの「基本スキル」

お客様が過去に経験した具体的な場面を特定しないと、「売るための文章」の原石を見つけ出すことはできません。

## 抽象度を下げれば「感情」を共有できる

人間は「欲しい」という感情を後づけの理屈で説得して、行動に至ります。つまり、人為的に行動を促したいなら、まずは感情を誘導する必要があるのです。読み始めたばかりのタイミングでは、まだ欲しいという気持ちになっていないとしても、読み進めるうちに感情が変わって、最終的に「欲しい」と思えるような文章を書くために、肝心なのは、「感情」の理解だといえるでしょう。

けれど、そもそも人間の「感情」は複雑なので、自分の感情ですら、どんな仕組みで動いているのかよくわからず、どんなときにテンションが上がるのか、落ち込んだ後どうすれば復活できるのかですら扱いかねている人が大半ではないでしょうか。その上、「実際に自分が感じたもの」と「社会的に期待されている感情の表現」とが異なるため、世の中に忖度をした態度を取り続けているうちに、自分が本当は何を感じて、なぜ行動を起こしたのかわからなくなっている人も多いものです。

つまり、「どういう気持ちなのか」を直接相手に聞いて、いきなり正しい答えが得られる確率は、限りなく低いといえるでしょう。感情をうまく言語化できないで詰まってしまったり、「楽しかった」「可愛かった」といった抽象度の高い言葉のやり取りに終わったりするだけで、その人が**本当はどんな感情を抱いたのかを「同レベルで理解できる」までには至らず**、実際のライティングで使える「材料」にはならないのです。だからこそ、いっけん無駄に思える「回り道」をする必要があります。

例えば、「散歩に行って、気分爽快になった」と聞いただけでは、頭の中に浮かぶ絵は人によってさまざまで、どんな風に「爽快」だったのかを特定することはできません。けれど、何時に「散歩」に行ったのか、どんな天候で、どれくらいの時間をかけて、誰とどんな景色の場所を歩いたのか、何が聞こえて、自分に対してどんな言葉をつぶやき、どんなところをよいと思ったのか、といった詳細な情報を聞けば聞くほど、互いの認識のズレは少なくなり、限りなく同じイメージを共有している状況になります。

そして、いったん頭の中で、その場の情景を鮮やかに描写して見ることができたなら、たとえ実際に自分では体験していない事柄でも、擬似的に体験したかのような感覚になり、「この人はたまたま『爽快』という言葉を使って描写したけれど、こういう状況の中にいたのであれば、実はこういう言葉の方がしっくりくるのではないだろうか」、「本当はこんな気持ちだったのではないか」などと、当初

図1 頭の中にあるイメージを共有することが大切

は思いもしなかった事柄にも自然に気づき始めます。

## 絵に描こうとすれば、誤魔化せない

もし「散歩に行って、気分爽快になった」という言葉に何も疑問をもたなければ、「へぇ、そうだったんですね。それは気持ちがよかったでしょうね」というだけで、会話が終わってしまうかもしれません。けれど、「特定の場面」に限定して詳細を聞けば、伝わってくる情報の質や量が飛躍的に増え、結果として「その人がそのとき、どんな感情だったのか」を的確に理解できるようになります。さらに、どんな風に「爽快」だったのか、なぜそれが印象に残っているのか、その人にとって、どうしてその出来事がそんなに大切だと思えたのか、といった話まで踏み込んで聞くことができたなら、表面的な会話を交わすだけではわからなかった「より本質的な気持ち」や「その人特有の行動原理」まで、透けて見えるようになるのです。

筆者が実施しているセミナーではよく、自分自身のお客様の「典型的なビフォーアフターの場面」を絵で描いてもらうのですが、「自分のお客様のことはよくわかっているつもりだったのに、まったく絵に描けない」と呆然とされることは珍しくありません。もちろん、上手に描く必要性はまったくありませんから、紙の上に表現されたイラスト自体はごく簡素なものでかまいません。大切なのは、その絵の背後にリアルな情景が詳細にイメージできていることなのです 図1。

例えば、ごく短い線が引かれているだけであっても、それを描いた本人が、どんな物や人を表現しているのかをわかっているならば、その場面で、周囲にはどんな音が聞こえていて、その瞬間にどんなストレスを感じ、どういう言葉で自分自身に何を語りかけていて、どのくらいイライラしているのかといった事柄をスラスラと説明できますよね。逆に言うなら、うまく文章が書けずに詰まってしまう人は、文章以前に、頭の中に具体的なイメージが浮かんでいないことが原因なのです。

Key Point

**「場面」がわかれば、文章に困ることはない。**

04

# インタビューを始めよう

「ライティングの材料」を集めるために行うインタビューは、一般的にイメージされているものとは、やり方も考え方も大きく異なります。

## あとから頭で作った理由は使えない

インタビューから最終的に知りたいのは、「どうすれば売れるのか」についての手がかりですが、だからといって、お客様に「なぜ買ったのか」を直接聞いても、すぐに答えがわかるわけではありません。試しに、あなたが最近購入したものを思い浮かべてみてください。いきなり購買理由を聞かれても咄嗟に出てくる答えは「なんとなく」といった曖昧なもので、「総合的にいろいろ考えて決めた」としか言いようがなかったり、直感で「ピンッと来た」というほうがしっくり来たり、ついには考えるのが面倒になって「質問してきた人の興味を満足させられる程度の表面的な理由」を口にして濁し

図1 行動した瞬間の本当の理由と後づけの理由は異なる

**本当の理由**

■ 無意識、感情、言語化できていない、価値観にもとづいている、一貫性がある

**後づけで考えた理由**

■ 意識、思考、後から考え出した世間的に都合のよい答え、本当の行動理由ではないことが多い

てしまったりするのではないでしょうか。

もちろん、親切心から答えようとはするでしょう。けれど、「後から頭で考え出した理由」は「行動した瞬間の理由」とは大きく異なっているものです 図1 。

私たちは、あくまで「その人が実際に購入を決断したときに何を思っていたのか」という事実を知りたいのであって、その場しのぎのために後から生み出された「それらしいストーリー」に引きずられていては、売れるものも売れません。つまり、そもそも相手が混乱して答えられなくなるような質問をするのではなく、まったく別の角度から尋ねていくことで、真実の答えを引き出してくる必要があるのです。

## 本心を引き出すインタビューとは

インタビューというと、多くの方は「たくさん質問を用意して、商品やサービスの話を聞こう」と考えますが、本当の購買理由が知りたいなら、雑談のような自然な会話をする中から引き出してくるよりありません。その理由は、次のようなやり取りを見ていただければ、きっとわかっていただけることでしょう。

**あなた**　どこにお住まいですか？
**相手**　◯◯です。
**あなた**　あ、そうなんですね。で、お仕事は何をされているんですか？
**相手**　◯◯をやっているんです。
**あなた**　なるほど。では、好きな食べ物ってありますか。
**相手**　そうですね。なんでも好きですけど、強いて言えば◯◯かな。
**あなた**　そうですか。ところで、子供の頃ってどんな習い事をしていましたか？
**相手**　え、子供の頃は、◯◯をやっていましたが……

極端な例に思われるかもしれませんが、貴重なインタビューの機会に、できるだけたくさんの話を聞きたいと焦るあまり、このように次々と話題を変えていく方は、案外多いものです。けれど、インタビューの相手方にとっては、たまったものではありませんよね。このように関連のない質問を次々に繰り出されると、まるで警察で尋問を受けているかのような感覚になり、「どうしてこんな失礼な話し方をするんだろう」と疑問に思ったり、「私のことに興味がないんだな」と嫌な気持ちになったりするのが普通ではないでしょうか。それどころか、「どうせちゃんと聞いてくれないなら、話したくない」と感じてどんどん心が閉じていくため、本音を引き出すことができなくなってしまいます。

では、次のようなやり取りになったとしたら、どうでしょう。

**あなた**　どこにお住まいですか？
**相手**　◯◯です。
**あなた**　あ、◯◯なんですね。◯◯には、もう長くお住まいなんですか。
**相手**　◯年くらいですかね。
**あなた**　へぇ、けっこう長くお住まいなんですね。私あまり知らないんですけど、◯◯って、どんな町ですか。住んでいて気に入っているところってあるんですか？
**相手**　うーん、△△なところは、けっこう好きですね。
**あなた**　おぉ、いいですね。◯◯ってことは、◯◯なんかもあったりするんですか。

もし、こんな風に話を進められるほうが、ずっと気持ちよく話ができそうな気がするなら、いったいどこが違うのかを考えてみてください。

もっとも大きな違いは、相手の話した内容について、さらに掘り下げる質問するかどうかにあります。相手の返答の中にある単語の1つを捉えて、その言葉についてより詳しい内容を尋ねる質問をしているので、質問すべてが「あなたについてもっと知りたい」というメッセージになっているのです。人間は誰でも、自分の話に興味を持って聞いてもらえるとうれしいもの。それに、日常生活では、自分の話を長時間にわたって、ひたすら聞いてもらえる機会は、そうそうありませんから、もっと詳しく話して欲しいと水を向けられれば、他の人にはしない話まで、つい打ち明けてしまうこともあるものです。

どんな商品やサービスであっても、買うかどうかの意思決定をするのは、あくまで人間。つまり、本来、**インタビューの目的は「相手がどんな人なのかを知る」**ことにあります。相手に純粋に興味を持っているのか、相手の話をもっと膨らませていきたいと思っているかどうかによって、得られる情報はまったく変わってしまいます。会話の流れを断ち切るような一問一答で質問攻めにするのではなく、むしろ相手の話に乗っかって、いっけん雑談のような会話をどんどん広げていってこそ、購入した人が何を当たり前だと思っていて、どんなことを大事にしているのかもわかるようになります。そして、相手の人となりがわかってこそ、どのようにアプローチすればいいのかのヒントが得られるのです。

## 楽しく盛り上がって話すことがゴール

「できるだけたくさん話を聞きたい」、「失敗したくない」と考えるほど、インタビューは難易度が高いチャレンジだと感じられてしまうかもしれません。けれど、もし楽しく雑談をするだけでよいのであれば、少しは心理的負担が軽くなるように感じられるのではないでしょうか。

なかには、「いっそ入念に質問事項を準備する方がずっと楽だ」と思う方もいらっしゃるかもしれませんが、**インタビューの最大の効用は「自分以外の人の頭の中」を知ることができる点にあります。**自分とはまったく違った考え方に触れると、自然に自分自身の思い込みがはずれ、書く文章の内容や表現も変わっていきます。だからこそ、さしあたってのゴールは「たくさん話しができて、楽しかった！」と言っていただくだけでも、十分なのです。

なお、人間は誰しも「その人が大切に思っている価値観」に沿って、すべてにおいて一貫性のある選択を無意識的にしているので、脱線を恐れる必要はまったくありません。実は、どんな話をどの方向から聞き始めたとしても、最終的には「その人にとって何が大切なのか」という話にたどり着きますから、どれだけ商品やサービスに関係のない脇道に話が逸れてしまったように思えても、きっと得られるものはあります。むしろ、相手が話したい方向にどんどん話を展開して、ひたすら盛り上がって話して得られる情報こそが、宝の山なのです。

Key Point

**気分よく話してもらうことで、相手の人柄や価値観が見えてくる。**

05

# はじめは、身近な人でインタビューを練習してみよう

インタビューをしてみようと思い立ったら、まずは身の回りで練習して、新しい方法に少しずつ慣れていきましょう。

## 1対1で1時間

効果的に情報を引き出すために、インタビューは、1対1で行うのが基本です。グループインタビューの方が盛り上がってよいと考えられる方もいらっしゃいますが、正しい情報を得るという観点で考えるなら、周囲に他の人がいることには、デメリットしかありません。なにしろ、その場の空気を読んで「あえて言わない」話があったり、「思っていないけれど話を合わせる」人が出てきたりするだけでなく、どうしても声の大きい人の意見が主流に感じられがちになるからです。また、せっかく時間を取ってもらったにも関わらず、一人あたりの話す時間が限られてしまうのも大きな機会損失だと言えるでしょう。普段なら話さない本音を、のびのびと自由に話していただくためにも、1対1の環境で1時間のインタビューがベストなのです。

そんなに話が続くかどうか心配になる方もいらっしゃるかもしれませんが、やってみると案外できるもの。それに会話の中から「自分にとっては、こういうことが大切だったんだ」と気づくことは、その人にとっても新しい発見であり、楽しいものなのです。そのため、たとえ話が盛り上がって、もっと長く話したいと思ったとしても、時間通りに切り上げて、相手が疲れないよう配慮することのほうが大切です。

なお、慣れてくれば30分以内のインタビューで必要な情報を引き出すことも可能ですが、あまりに時間が短いと、インタビュー相手にとっては、「話し足りない」という不完全燃焼感を残しがちになります。そのため、筆者の経験則的には、もっとも適切な長さは1時間くらいだと考えています。

## まずは話を続ける練習を

多くの方は、短時間で深い話を聞き出すという経験をしたことがありませんから、いきなり、何の準備も練習もなしにインタビューを始めるのは無謀です。特に、既存顧客のインタビューとなれば、初対面の人に、普段は他人に話すことのないダークな感情まで洗いざらい話してもらう必要がありますから、余計にハードルが上がりますよね。そこで、まずは身近な人を相手に、とにかく1時間話を聞き続ける練習をしてみることをおすすめしています。

同じように質問をしても、相手によって反応はまったく異なります。勝手に話をどんどん広げてくれる人もいれば、最低限の答えを返すのみで気まずい雰囲気になってしまう人もいるでしょう。焦るあまり、次にどんな質問をすればいいのかわからなくなってしまったり、なぜか関係のない話にばかり発展して途方に暮れたり、同じ話のループが止められず辟易してしまったりするかもしれません。

とはいえ、何事も場数をこなせば自分なりの対応策が見つけられるものです。家族や友人などに頼み込んで、さしあたって3回ほど試してみるだけでも、最低限のパターンは経験できるはず。まずは気軽にチャレンジしてみることで「こんな感じで聞いていけばいいんだ」という手応えをつかんでください。

## 「普通の人」の頭の中とは

身内や友人、同僚など「購入したことがない人」の意見を聞いても、あまり意味がないと思う方もいらっしゃるかもしれませんが、ごく親しい人に対する気軽なインタビューであっても、単なる練習という以上に得られるものはたくさんあります。というのも、**「まだ買っていない人」**たちからは**「買わない理由」**が聞けるからです。当たり前の話ですが、既存顧客から聞くことができる話は、なぜうちの商品やサービスを選んだのかという「購入した理由」に限られます。つまり、「迷った末にやっぱり購入しないと決める人たち」の気持ちは「買っていない人」から聞くしかありません。

また、**「普通の人」**が何を知っていて、何を知らないのかという「一般常識のレベル感」や、「業界や商品のイメージ」を正しく把握するためにも役立ちます。実際に聞いてみると、思ってもみない誤解があったり、誰もが知っているはずだと油断していた事実が、まったく伝わっていないことが判明したりすることも、よくあります。「まだ購入していない人たち」が、今抱いているイメージがポジティブなのかネガティブなのかによっても、どこから説明し始める必要があるのか、何を伝えなければいけないのかは変わりますし、どんな言葉は通じ、どれが使えない言葉なのかも、インタビューで話をしてみることなしでは、わかりません。だからこそ「普通の人」のインタビューは、業界に染まりすぎた自分の頭をリセットするためにも必須なのです。まずは誰でもかまわないので、身近な人に連絡して、インタビューの約束を取りつけましょう。

**【身近な人にインタビューすると】**

- まだ買っていない人の「買わない理由」が聞ける
- 業界外の「普通の人」が抱いているイメージがわかる
- 業界に染まりすぎた自分の頭をリセットできる

**Key Point**

**身の回りの人との何気ない会話からも、ヒントはたくさん得られる。**

06

# 相手が話しやすい環境を作ろう

インタビューの相手が「話しやすい」と感じる環境を作るには、いくつかの簡単なテクニックがあります。

## 心を開いて話をしてもらうには

「ライティングの材料集め」のインタビューでは、相手の話を深掘りしていく中で、普通なら他人に話すことはない赤裸々な想いを語っていただくことになりますから、まずは「この場で何を話しても大丈夫だ」と思える心理的安全性を確保する必要があります。また、「この人が相手だと、なんだか話しやすいな」と感じていただけないと、そもそも楽しく会話を続けられませんよね。

そこで、まずは「話す速度を合わせる」ことと「声のトーンを合わせる」ことを意識することから始めましょう。コミュニケーション技術やコーチング・カウンセリングなどの世界で「ラポールを取

**図1 相手に返す相槌の例**

| 種類 | 相槌の例 |
|---|---|
| 感嘆を表す | へぇ　おぉ　なるほどー！　いいですね！ |
| 話の続きを促す | そうなんですか？　それで？ |
| さらに話を引き出す | そこ、もうちょっと聞かせてもらえませんか？<br>◯◯ってなんですか？ |

ごく簡単な相槌を入れるだけでも、不思議と話しやすくなる

る」もしくは「マッチング&リーディング」といわれるテクニックの一つですが、例えば、会話のテンポが早い人と話す場合には、こちらも早いテンポで返答して、話の腰を折ってしまわないように、逆に、ゆっくり話す人に対しては、畳み掛けるような話し方は避けて、ストレスを感じさせないように配慮をするだけでも、相手の話しやすさは変わってくるものです。日常生活の中で自然とやっている方も多いかもしれませんが、話すときの勢いや声の高さもできるだけ合わせようとすると、心地よい会話に必要な最低限の環境を素早く作れるはずです。

また、**普段よりも、ちょっぴり大げさなリアクション**をすることで、相手が「ちゃんと話を聞いてくれている」と認識できるようにすることも大切になります図1。あなただって、聞いているのか聞いていないのかよくわからない人を相手に話し続けるのは、苦痛ですよね。いつもより大き目に頷くだけでも、相手は「受け入れてもらえている」「このまま話を続けていい

んだ」と安心できます。もし、余力があれば、相槌を入れる際に、相手のテンションより、ほんの少しだけテンションを上げて返すことで、少しずつ会話が盛り上がっていきますから、ぜひ試してみてください。

## 目的の説明から始める

いきなりインタビューをするとなると、お互いに緊張してしまうため、**まずは趣旨の説明から切り出すことをおすすめしています**。というのも、同じ質問であったとしても、一義的に返答が決まるものではなく、**相手との関係性やその場の状況によって、求められる答えは違っているものだからです**。そのため、どんな目的で何を聞きたいのかという説明がないままでは、反射的にどう答えるのが適切なのか迷ってしまい、返答に窮してしまったり、当たり障りのない答えになってしまいがちになります。

つまり、**「こんなことを言ってはいけないのではないか」**という警戒心を解き、素直に本音で答えてもらえるように、冒頭で、どうしてインタビューを依頼するに至ったのか、インタビューの結果をどのように活かしたいと考えているのか、といった概要の説明をし、どんな答えを期待しているのかについても案内をしておく方が親切だといえます。

**【身近な人へのインタビュー練習の場合】**

「今、ライティングの勉強をしていて『他の人がどんな風に考えるのかを聞いてくるように』っていう宿題が出ているから、ちょっと協力してもらえないかな？ 普段思っていることを気軽な感じで聞かせてもらえるだけで、すごく助かるんだけど。」

**【顧客へのインタビューの場合】**

「いつもご愛用いただき、ありがとうございます。◯◯様のような素敵な方に使っていただけて、とても光栄に思っております。ぜひ、◯◯様のようなお客様に、私どもの商品をもっと広めていきたいと思っているのですが、正直、自分たちでは当たり前になりすぎていて、どんな風にお伝えすれば、魅力が伝わるのかわかっていない部分もあると考えております。

そこで、新しいホームページを作るにあたり、私どもの商品を本当に必要としている方により伝わりやすい見せ方にしたいと、インタビューにご協力いただいた次第です。本日は、良いところも悪いところも率直なご意見をざっくばらんにお伺いできればと思います。よろしくお願いいたします。」

## まずは前提を確認してみよう

多くの方が迷うのは、一番はじめに何と言えばいいのか、どういう内容から聞き始めればよいのか、という点でしょう。実際には、どんな話から入ってもかまわないのですが、うっかりお互いの認識が違っているまま話が進んでいき、最後でひっくり返ることがないようにするためにも、まずはその人がどんな前提を持っているのかを確認するところから始めるとスムーズです。例えば、そのジャンルにどんなイメージを持っているのか、過去に何か使った経験があるのか、そのときの印象はポジティブなのかネガティブなのか、といったところから聞き始めます。

ここで、ダイエット商材についてのインタビューを想定して、友人にインタビュー練習への協力を依頼したAさんの例を見てみましょう。友人のBさんは、ダイエットをしたことがあり、友人のCさんには経験がないとすると、当然ながら話の展開は違ってきます。

**【ダイエット経験がある人との会話の展開例】**

**Aさん**　これまでの人生で、ダイエットをしたことってある？
**Bさん**　もちろん、ある。何回もあるよ。
**Aさん**　例えば、どんなダイエットを試してみた？

**Bさん** うーん、いろいろやったけど、糖質制限とか、一食置き換えダイエットとか。
**Aさん** じゃあ、その中で、一番印象に残っていたり、効果的だったりしたダイエットって？
**Bさん** 最近やったのは、糖質制限かな。
**Aさん** やってみてどうだった？ 実際にやせた？ たいへんだった？

**【ダイエット経験がない人との会話の展開例】**

**Aさん** これまでの人生で、ダイエットをしたことってありますか？
**Cさん** 実は、あんまりダイエットってやったことないんだよね
**Aさん** へぇ、そうなんだ。どうしてあんまりやったことないの？
**Cさん** うーん、なんか興味なくて。
**Aさん** 痩せている体型自体に興味がないの？ それとも、気にしなくても太らないからあまり興味ないまま来たとか？

もしあなたが「誰もがダイエットに興味があるに違いない」という思い込みを持っていると、後者のように想定外の答えが返ってきた瞬間に、どうやって話を続ければいいのかわからなくなってしまいます。けれど、いずれの場合でも、相手に対して興味を持って話を進めようとすれば、話題に困る

ことはありません。インタビューでは、どんな話が来たとしても、常識や一般論に囚われずに、その場ですぐに対応できる力こそが大切です。すでに想定している何かを聞き出そうとするよりも、相手との率直なコミュニケーションを続けることに焦点を当て、「この人がその先に話したいと思っていることは何だろう」「どう聞かれたら、話しやすくなるだろう」と考えるようにしてみましょう。

**【インタビュー練習時の質問例（ダイエット商材の場合）】**

- どんなダイエットやってみた？ 他には？
- ◯◯ダイエットについて、不満だったポイントってある？
- こういう新しい方法があるんだけど、やってみたいと思う？ それとも関心ない？
- どういうのだったら、やってみたい？

Key Point

**本音の話を引き出すために、相手が話しやすい聞き方をしよう。**

07

# 突っ込んだ話を聞いてみよう

反射的に返ってきた言葉が相手の本音とは限りません。相手の「無意識の反応」に注目しながら、話を深掘りしてみましょう。

## 最初の言葉に騙されない

売るための文章の「材料」を集めるには、相手の「言葉」に惑わされず、その裏に隠された「無意識の反応」を見抜いていくことが重要になります。例えば、日常生活においても、口では「その通りだと思う」と言いつつ、本当は納得していないことが表情から読み取れることがありますよね。もしくは、「大丈夫だよ」と言う声のトーンから、あきらかに大丈夫ではないことがわかることもあるはずです。それだけでなく、多くの方は何かを質問されたときに「どうにか返答する」こと自体に集中してしまい、反射的に思いつきを口走ってしまう傾向があります。つまり、いちばん最初に出てきた答えは、徹底的に考え抜いたその人特有の考えではなく、一般的な答えをよくありそうな表現に乗せて返してみただけで、少し突っ込んで質問されると、矛盾が生じて撤回されることも多いのです。

だからこそ、**はじめに得られた「答えらしきもの」に飛びつかない**ことが大切になります。「こんなことを言っているけれど、本当かな？」と半ば疑いながら、「それで？　例えば？　具体的には？　というと？　それもうちょっと詳しく聞かせて」といった質問を駆使して、それぞれの言葉を深掘りしていくのです。最終的には、**その人が普段からどんなところにこだわりを持ち、どういうことを大切に思っているのかを浮き彫りにしていきましょう。**

**あなた**　最近、何か買ったものって、ありますか？

**相手**　そうですね。この前、黒い帽子を買いました。

**あなた**　そうなんですね！　帽子、よくかぶったりするんですか？

**相手**　わりとかぶりますね。

**あなた**　何か黒ってところに、こだわりがあるんですか。珍しいかなと思って。

**相手**　黒だと、いろんな服に合わせやすくて。実は、以前持っていたものを失くしてしまったので、今回、新しいのを買ったんです。

**あなた**　おぉ、リピート購入するってことは、かなりのヘビロテ・アイテムだったんですね。ちなみに、どんな形の帽子なんですか。

**相手**　ハンチングっていうツバのあるタイプで、今回も同じものを買いました。

**あなた** あぁ、なるほど。ということは、他の形よりも、ハンチングだと、何かと使いやすいんですか？
**相手** そうですね。
**あなた** なかでも、黒にこだわりがある感じですか？
**相手** こだわっているわけでもないんですが、やっぱり黒が使いやすいですね。
**あなた** なるほど。お気に入りの黒い帽子を合わせてあちこちお出かけするって感じだと思うんですが、あえて帽子をかぶって外出する理由ってなんですか？ 別にかぶらなくてもいいわけですよね？
**相手** うーん、確かに。ただ、帽子みたいなアイテムを一つ加えると、なんだかおしゃれしている感じがして、いいんですよ。
**あなた** ほぉ、一つアイテムをプラスすると、おしゃれな感じがしていいな、って思う？
**相手** そうですね。他の人とちょっと違うっていうか。
**あなた** 他の人とちょっぴり違うっていうのは、◯◯さんにとって、けっこう重要なことなんですか？ 例えば、何か他のものを選ぶときにも、ひと癖ある感じのものを選ぶとか？
**相手** あぁ、そういうところはあるかもしれませんね。すごく個性を出したいわけではないんですが、ちょっとしたアイテムを一つ加えるだけなら、簡単でコスパもいいし、ちょっと違っているっていう満足感があるっていうか。

このトーク例では、はじめは「直近の買い物についての雑談」ですが、後半にかけて「どんなところにこだわりを持っているのか」という内面に迫る話題に移行しています。このように、一つの話題を深めていくことができれば、どんな話から始まったとしても、**最終的には、その人の人柄や考え方を知ることにつながります。**具体的な場面を聞いていく中で、突然「なるほど、そういうことか」と納得できる瞬間が訪れ、**「自分とは違う考え方だけれど、どういう意味で言っているのか、どんな感情だったのかは、わかる」**という感覚になるのです。そして、そのような物の考え方や捉え方、感情は、他の選択をする際にも共通した「その人独自の価値観」になっています。

## 傾聴やコーチングと異なるポイント

具体的なストーリーを聞く中で、相手の内面を理解していくという意味では、「傾聴」や「コーチング」「カウンセリング」などで使われている手法に近い部分もありますが、「売るための文章」の材料を集めるためのインタビューでは、一般的に考えられているよりも、さらに突っ込んで聞いていくところに特徴があります。

というのも、**「相手が頭の中で思い描いているイメージ」と「相手の話を聞いて、自分が頭の中に展開したイメージ」**の内容を完全に合致させなければ、その瞬間に相手の内面で何が起こっていたのかを正しく理解することができないからです 図1 。もし、コーチングのように「相手のやる気を上げる」ことが目的であるなら、相手が「特定の場面」を鮮明に思い出し「そのときの感情」をありあ

**図1　頭の中に思い浮かべるイメージを完全に合致させる**

りと体感できる状態になれば、十分に話を進められます。聞き手には「まったく同じイメージ」が見えていなかったとしても、話をしている本人が「過去の感情」を追体験できているならば、「その人の脳内」にある情報をもとに効果的なセッションにすることができるからです。

けれど、セールスコピーライティングの「材料集め」がしたいなら、「相手の脳内」だけで完結させるわけにはいきません。「その感情」を言語化するためには、相手が「特定の場面」で感じていた気持ちと**「まったく同じ感情」を聞き手自身が追体験する必要がある**からです。そのため、その「感情」の源泉となっている映像に不鮮明な部分を残すわけにはいきません。相手の説明から浮かび上がってきた映像が霞んでいたり、ずれたりしたままでは、その場でどんな気持ちを味わっていたのかを、本当の意味では理解できず、うっかり先入観が入ってしまえば、まったく別の感情になってしまいかねません。

また、「売るための文章」となると、相手と同じ絵が「自分の頭の中に浮かんでいる」というだけでなく、「未来のお客様の頭の中にも、同じイメージを描き出す」必要があります。いわば「インタビュー相手の頭の中にある一場面」を、いったん「自分の脳内にダウンロード」して、それをまた「未来のお客様の頭の中に映像としてアップロードする」ようなもの。というのも、具体的に「こんな場面で、こんな気持ちが味わえるんだ」と伝わってはじめて、自然に「その感情」を手に入れたくなるものだからです。インタビューにおいては、ずけずけと踏み込むような質問を繰り返し、その場面における「感情」が実感を持って「わかる」という手応えが感じられるまで、詳しく聞いていく必要があります。

Key Point

**「ライティングの材料集め」のためには、遠慮なく突っ込んで聞いていく必要がある。**

08

# すべての単語の定義を疑おう

誰もが使っているありきたりの言葉や説明では、お客様に商品やサービスの「本当のよさ」を伝えきることはできません。

## 相手の言葉の定義を聞いてみる

「売るための文章」を書くためには、あなたの商品やサービスを買ってくれるお客様に合った「言葉」が必要です。では、どうすれば最適な「言葉」を手に入れることができるのでしょうか。

インタビューの途中で、何度も出てくる単語や特徴的な表現に気をつけていれば、自ずと「使える言葉」と「使えない言葉」の推測はつくようになるものです。けれど、もう一歩踏み込んで、いったいどんな言葉を使えば、より意味が伝わりやすいのか、どんなふうに説明すれば、商品やサービスのメリットをより理解してもらうことができるのかを知るためには、通り一遍の表現で満足するのではなく、より積極的に「使える言葉」を見つけにいく必要があります。
そのための有効な方法の一つは、誰もがよく耳にするような一般的な言葉や、今さら改めて意味を聞くことなどない当たり前の言葉の「定義」を聞いてみることでしょう。正解が知りたいのではなく、他の人はどういう表現をするのかを聞くことで、まったく違う視野が広がることは、よくあるもの。大切なのは、あくまで「言葉」を拾う意識を持つことにあります。

【質問例】
- お友達やご家族に、この商品を説明するとしたら、どんな風に伝えると思いますか？
- 目の前に親しいお友だちがいるとしたら、どんな特徴のある、どんな商品だと紹介しますか？
- どういう人におすすめの商品ですか？その理由って？

目的は、今後の文章作成に必要となる表現のバリエーションを豊かにすることにあるので、何の制限も加えず、自由に大胆に表現してもらいましょう。専門知識のない身の回りの人に聞くからこそ、ごく普通の人に伝わる語彙を知ることができるのはもちろん、「そんな風に思っているなんて知らなかった」という意外な伝え方も発見できるはずです。

## 言葉のニュアンスに敏感になろう

**図1 同じモノ・コトを示してもニュアンスの違う複数の言い方がある**

| |
|---|
| 起業家　事業家　実業家　経営者　経営トップ　社長　代表取締役　CEO　エグゼクティブ |
| 宝石　宝飾品　装身具　アクセサリー　ジュエリー　ジェム |
| ユーザー　利用者　消費者　顧客　お客様　クライアント |
| フィードバック　添削　アドバイス　意見 |
| 根拠　証拠　論拠　エビデンス　証明する　実証する　検証する　確かめる　裏づける |
| 会議　ミーティング　MTG　打ち合わせ　カンファレンス　話し合い　集会　会合　集まり　寄り合い |

私たちは、微妙に意味が違う複数の単語を器用に使い分けています。また、逆に、本当は区別すべき分類を混同して、一つの単語で済ませていることもあります。例えば「宝石」「ジュエリー」「アクセサリー」はそれぞれ厳密に使い分ける人もいれば、代替可能な表現と考えている人もいますよね。

また、同じ事柄を指す複数の単語があっても、その業界やその場所では、慣例的にある一定の単語しか使わないという場合もあります。例えば「起業家」と呼ばれるか「社長」と呼ばれるか「事業主」などと呼ばれるかは、典型的です。どの単語で呼ばれても正解であるはずですが、その人の自己認識によっては、違和感や居心地の悪さを感じさせる原因になります。つまり、その人が使っていない単語を採用すると、自分には関係のない話だと離脱されかねないのです 図1。

たとえ誤用だったとしても、その表現しか使わないこともありますし、同じ単語であっても、人によって別の意味やイメージを持たせている可能性が常にあるため、いちいち「本当はどういう意味で使っているのか」を確認しておかないと、大きな落とし穴にはまりかねません。つまり、一つ一つの言葉の使い方に敏感になり、自分の常識をもとに、うっかり早合点してしまわないようにすることが大切なのです。

## 外来語には要注意

英語などをそのままカタカナ表記にしただけの言葉は、思っているより理解されていない語彙の典型例といってもよいでしょう。あまりに馴染みのない言葉ばかりが続くと、読むこと自体に疲れてしまうため、できるだけカタカナ語を使わずに、簡単な表現に置き換えて表現できないか工夫するのはもちろん、やむを得ず使わなければ話が進められないような場合には、その単語の前後に別の説明を追加したり、次のタイミングでは他の言葉に置き換えたり、多面的な表現を工夫することで、意味を推測しやすいようにすべきでしょう。そのためにも、同じことを別の表現で伝えることができるように、**お客様がふとした瞬間に使っている単語**をたくさん集めておく必要があります。

逆に、特定の顧客層に訴えかけるためには、その業界のみで使われている専門用語（テクニカルターム）を散りばめると、より理解されやすくなることもあるので、いずれにせよ、どんな言葉が使えるのか、もしくは、どんな言葉を使うと伝わりにくくなるのかを理解することを心がけましょう。

## パワーワードやエモーショナルワードを探せ

さらに、その人にとって、思わず心が動いてしまうような「強い言葉」に気づいたら、なぜその言葉がそれほど重要なのかを掘り下げてみると、新しい情報を手に入れられる可能性が広がります。単純に何度も出てくる特徴的な言葉のこともあれば、一般的な意味合いとは異なる意味で使われている特殊な用語のこともありますが、その言葉を聞いた瞬間に、表情がパッと変わったり、声が大きくなったりする単語に着目しましょう。「まさに、それ！」と前のめりになるような言葉をたくさん持っていると、より読みやすい滑らかな文章をスラスラと書けるようになるものです。

もしくは、実際の文中で使おうと思っているフレーズの良し悪しについて、インタビューで聞いてみることもできます。「この言葉は本当に響くのだろうか」と不安なまま出すよりも、素材集めの段階で、使いたい単語の好き嫌いを点数化してもらえば、どの単語を使うべきで、それがなぜなのかもわかるようになり、短時間で効果的な文章を、自信を持って書くことにもつながります。

**Key Point**

**インタビューを通じて、できるだけ「言葉」や「表現」の数を増やしておこう。**

09

# キリのいいタイミングで「確認」を入れよう

単に話を聞くだけでなく、相手の感情を正しく理解できているのかを適宜確認して、精度を上げていきましょう。

## 話をうまく広げていこう

こと「売れる文章の材料集め」のためのインタビューでは、相手が話しやすい方向に会話を進めていくのが基本です。例えるなら、恋愛の相談に乗ると同じ感覚だともいえます。相手の中にはすでに聞いて欲しいと思っている話があり、その話題を広げていけば、自然に話が盛り上がりますが、こちらにとっては興味があっても、相手にとって話すことに意義を感じられない話題も存在するのです。そのため自分が聞きたい話を次々に質問するよりも、**「こちらに展開させると相手が話しやすいだろうな」**という方向に話を持っていきます。

例えば、もし、あなたが個人的にスポーツクラブの会員種別や回数券のシステムに興味があったとしても、「週末にスポーツクラブで運動をしている」という人にインタビューをするときには、聞くべきではありません。なぜなら、いくらスポーツクラブについて聞いたところで、相手の人間性の理解に近づくことはありませんし、そのような質問が続けば「あぁ、この人は、私に興味があるのではなく、単に私が通っているスポーツクラブについて知りたいだけなんだな。私についての話は、どうでもいいんだな」と感じさせてしまうことになりかねないからです。

そもそも、インタビューの目的は、あくまで人間の「行動」の裏に潜む「感情」について理解を深めることにあるのですから、むしろ「なぜ定期的に運動しているのか」とか「なぜ、そのスポーツクラブを選んだのか」など、なぜあえて特定の行動に至ったのかにまつわる経緯や理由について、詳しく聞いていくべきでしょう。その人の選択や考え方に興味を持って質問するからこそ、その人の人柄や考え方が垣間見えてくるからです。

## 選択肢をぶつけるのも有効

うまく話が広がらない場合には、例としていくつかの選択肢を提示できれば、「このくらいの範囲内で考えればよいんだな」とわかったり、言われてはじめて思い出す話があったりするので、呼び水として上手に使うのがポイントです。

例えば、過去にさまざまなダイエットを試した記憶はあるものの、具体的に何をやったのか思い出せないような場合には、「運動とか、サプリメントとか、ファスティングとか……何かやったこと、ありますか？」といった形で、質問をより具体的にすることで、スムーズに話が出てくる可能性が高まります。もしくは、「他の方からこういう意見をいただいているのですが、同じですか？ それとも違う印象をお持ちでしょうか？」といった形の質問にしてみるのも効果的です。

つまり、回答者に自由に考えて答えてもらおうとするあまり、オープン・クエスチョンであることにこだわりすぎなくてもよいのです。結果的に、相手の考え方をうまく引き出すことができればいいのですから、あえて「はい」「いいえ」などの選択肢がある状態のクローズド・クエスチョンをぶつけることで、かえって「そうではなくて、こうです」という形で事実を聞くこともできます。

## 瞬発力を鍛えよう

どんな風に返せば、うまく話がつながっていくのかわからない方は、まずは相手の返事の中に含まれている単語に注目してみてください。相手の発言の中には、複数の単語が含まれていますよね。まずは、そのどれかの単語について「○○って何？ それって、どういうこと？」と尋ねてみればよいのです。どの単語を選んでも間違いではありませんが、できれば、**相手の人柄がわかりそうな言葉や、その人なりの選択基準につながるだろう単語**を選んで質問すると、より効果的です。

そして、「この話の先には、これ以上の広がりはない」という深さまで聞くことができたなら、一つ前の言葉に戻るのが基本です。なお、どんどん枝分かれしていくような話の聞き方になるため、重要

**図1 キリのいいところで、理解にズレがないかを確認する**

| 確認のテクニック例 |
| --- |
| ■ 行動に至った経緯や理由を聞いてみる |
| ■ 具体的な選択肢をぶつけてみる |
| ■ 「はい」「いいえ」で答える質問を活用する |
| ■ 相手の使った単語をそのまま使って要約する |
| ■ 「事実＋感情」をフィードバックする |

そうな語句については、すべて素早くメモを取っておくようにすると、どれだけ脱線しても、元の筋に戻ってくることができる安心感を持てるはずです。

## あなたの理解にズレがないかを確認しよう

できるだけ主観を入れずに話をしているつもりでも、相手の真意を本当に正しく理解できているのかどうかは、常に不透明な状態ですよね。もちろん、うっかり誤解している可能性もありますから、適宜、それまでの話の流れを要約して返すことで、相手に確認を入れる必要があります 図1。

話を要約する際には、必ず相手の使った単語をそのまま使って、できる限りニュアンスを変えないように細心の注意を払ってまとめることが、求められます。

なにしろ、同じような意味の単語が複数存在している中で、あえて他ではなく「その単語」を選んで話をしたのには意味があるはずです。話の内容を勝手に改造されたように感じると、気分が悪くなるのは当然ですよね。概ね合ってはいても「ちゃんと聞いてもらった気がしない、きちんと伝わっていない」といった違和感は、あっという間に不信感につながります。

また、単に事実だけをまとめて返すのではなく、「こういう経緯だということは、こういう気持ちだったに違いない」という相手の感情を想像して当てにいくと、正確な理解ができているかを試すことができます。例えば、「AでBでCになったから、寂しかったんですね」といった形で質問すると、相手から、必ず強い反応が返ってくるからです。もちろん、うまく当てられて「まさに、その通り」と、それまでの理解に太鼓判が押されることもありますが、「いや、そうじゃなくて、むしろこういう気持ちでした」と訂正されることもあるでしょう。けれど、いずれにせよ、相手は「自分の感情が誤解されている」と感じたら、そのまま放置できなくなります。

つまり、ある程度の会話のまとまりごとに、「事実＋感情」をフィードバックすると、相手に直してもらうことができるので、万が一、理解のズレがあったとしても、確実に修正していくことができるのです。

**Key Point**

**折を見て、相手の言葉を変えずに「事実と感情」をフィードバックしていく。**

# 10 どんな話が飛び出しても、驚かない

インタビューに不慣れなうちは、緊張してしまうものですが、心構え次第で、グッと挑戦しやすくなるはずです。

## 俯瞰的な目線で眺めるとやりやすい

インタビューで話が詰まってしまう最大の原因は、相手が想定外の回答をしてきたことに面食らって、次に何を聞けばいいのか、頭の中が真っ白になってしまうことにあります。例えば、犬についてのイメージをインタビューするとしたら、多くの人は「犬嫌いの人がいる」ということを想定せずに聞き始めてしまいがちです。当たり前の話ですが「たいていの人は犬が好きに決まっている」という見解は、世界の真理ではなく、個人の偏った「常識」や「価値観」に過ぎません。もしたまたま「犬好きの人」だったとしても「どれくらい好きなのかの度合い」は人によって濃淡があるはずですから、勝手に「無類の犬好きに違いない」と思い込んだままでは、相手の話を素直に受け取って、より深めていくことができません。つまり、「他の人も自分とまったく同じ動機で動いているに違いない」「みんな自分と同じ考え方をしているはずだ」という考え方は捨てる必要があるのです。

もちろん、たとえインタビューの最中だけであったとしても、自分の価値観を完全に手放すのは簡単ではありません。けれど、それでも客観性を保つ努力はできるはずです。ぜひ、少し離れた位置から俯瞰的に眺めて「こんなことを考える人がいるなんて、おもしろい！」と思うようにしてみてください。どんな返答が返ってきたとしても「この人は自分とは違う考え方をしているけれど、どうしてそういう風に考えるのか、**もっと知りたいな。聞けばきっとわかるはずだ**」と思えれば、相手の話に興味を持って深掘りしていくことが可能になります。逆に普段から、相手の話を共感的に聞きがちだという自覚がある方は、物理的に相手から体を離すように意識してみると、うっかり相手のストーリーに巻き込まれるのを防げるはずです。

いずれにせよ、「**相手と自分は別の人**」なのですから、自分の過去の経験に当てはめて仮説を立てたり、ジャッジしたり、自分勝手に共感しすぎたりせずに、ただ「**目の前の人のことをもっと知りたい**」と素直に思い、相手をありのままで理解しようとすることが大切なのです。

## 共感できないのは、知らないから

まったく共感できない内容だと感じたとしても、その人がそのように考えるのには、必ず理由があ

**図1　言葉の裏にある、うまく言語化できていない感情を理解する**

**意識**
顕在意識

**無意識**
潜在意識

- 言語化できている
- 自分で気づいている

- まだ言葉にできていない
- 自然に行動に表れている（一貫性がある）
- 価値観にもとづいている行動している

るはずだと確信していれば、その理由がわかるまで聞き続けようと思えるはずです。考えてみれば、第一印象とその後の印象がまったく変わることは、日常生活でもよくありますよね。例えば、その人が、どうしてそのように考えるに至ったのか、育った環境や出来事の背景、そのときどういう状況に置かれていたのかなど、詳しい事情を知れば知るほど、「なるほど確かにそういう状況であれば、そう考えるのも納得がいく」「気持ちはよくわかるし、自分も同じように行動したかもしれない」と理解できる場合が大半です 図1 。

つまり、いっけん衝撃的な意見に思えたとしても、いちいち驚く必要はないのです。単に、自分がまだその人のバックグラウンドをよく知らないだけで、詳しく聞けば、必ず気持ちがわかるはずだと信じることが、何よりも大切になります。逆に言えば、自分の価値観で「これはよい、これはダメ」などとジャッジしてしまうことが、インタビューをする際の最大の障壁なのです。

子供やパートナーの話を聞くときにも、同じことですよね。自分自身の勝手な判断や思い込みで、話を途中で遮ってしまえば、心が通じ合うことはありません。けれど、たとえ非常識な意見であったとしても、その人の話に乗っかって聞き続けたらどうなるでしょうか。「宿題が多すぎてやりたくない」「先生は意地悪だ」「勉強なんてやっても意味がない」といった話であっても、余計な判断を挟まず、「確かに、そういうのは本当に意味がないよね」と相手の話を受容しつつ、「例えば、最近いつそう思った？」と話を膨らませて、「悪ノリして、煽っていく」ような聞き方をすると、次第に相手の本心が伝わってきます。

インタビューでは、表面的な言葉に騙されてはいけません。**その言葉の裏には、うまく言語化できていない感情が存在します。**いっけん衝撃的な発言にも必ず意味があり、最終的には整合性が取れるものなのです。もし、あまりに驚く答えが返ってきて、二の句をつげなくなりそうになったら、「なんておもしろいことを言う人なんだろう。非常に興味深い。裏にはどんな事情が隠されているんだろう」と考えて、平静を取り戻していただければと思います。

**あなた**　犬と猫だったら、どっち派ですか？
**相手**　わりとどっちも好きですね。犬も猫も飼っていたことあるので。
**あなた**　強いて言えば、どっちが好きとかありますか？これから飼うならどっちとか？
**相手**　すごく悩みますが、猫ですかね。
**あなた**　どうして犬じゃなくて、猫かなって思ったんですか？

**相手** この前14年飼っていた愛犬を亡くしたので、もう堪能したというか、しばらく犬はいいかなって。

**あなた** あぁ、ワンちゃん亡くなっちゃったんですね……。もう堪能したっていうのは……？

**相手** 最後の2年くらいは介護で、本当にたいへんだったのもあって。

**あなた** なるほど。逆に、猫のほうがいいかなって思うのは、どのあたりですか？

**相手** うーん、猫のほうが、私がいなくても幸せそうなのがいいかなって。

**あなた** 私がいなくても幸せそうって思った場面って、具体的に何かありますか？

**相手** 置いて出かけたときですかね。犬は、出張とか旅行のとき、悲しそうにしたり、すねたりするんですよ。でも、高校時代に飼ってた猫は、「ただいま」って言ったら、ニャーと返事はするんですけど、だからって、私がいないときも寂しかった感じは全然なくて。そういう付き合いほうができるほうが、今の私にとってはいいかなって。

「自分ではない他人」に響く文章を作るためには、自分自身の考え方の癖や思考の限界を乗り越える必要があるからこそ、インタビューを試みる意味があります。知らない話を聞くこと自体に意義があるのですから、想定内の会話など期待すべきではありません。つまり、はじめから思ってもみない話ばかりが来るだろうと予想した上で、どんな話であっても興味深く聞く覚悟をしっかりと持っている必要があるのです。

## 純粋な好奇心が大切

「これまでとは違う方法で、思っても見なかった事柄を聞き出さねば」と身構えてしまうと、その不安や緊張はインタビュー相手にも伝わってしまいます。だからこそ、インタビューにおいては、いかに子供のように純粋な好奇心を持ち続けられるかが、もっとも大切なポイントだといえます。幼い頃、身の回りのものすべてが不思議に思えたことを思い出し、ごく素朴な疑問を持つことができれば、自分も相手もインタビューの時間を楽しむことができるはずです。「あれも聞けてない、これも聞けばよかった」などと欲張ったり、「もっとうまくできたはずだ」と落ち込んだりするよりは、未知の生き物に遭遇し「もっと知りたい」と感じるままにコミュニケーションを進め、新しい事実を解明していく過程のような自体を、まずは楽しんでいきましょう。そして、身の回りの人を相手にした1人1時間のインタビュー練習を3人終えたら、いよいよ本格的にお客様インタビューに挑戦していきましょう。

Key Point

**意外な話が聞けるからこそ、自分の思考の枠に気づくことができる。**

Quest

# 3

# 宝の「原石」を探しに行こう

# 01 「顧客インタビュー」を始めよう

お客様のインタビューを躊躇する方も多いのですが、難しく考えることはありません。

## 「うちのお客様」に聞いてみる

「似たような商品やサービス」であれば、きっと「同じような客層」に売れるに違いないと思っているなら、それは幻想です。もし「他でもいい」のなら、「うち」で買うはずがありません。お客様にとっては、「競合他社の商品やサービス」が存在する中でも、あえて「うちの商品やサービス」を選んだ理由があり、決して偶然購入しているわけではないのです。だからこそ、実際に、顧客インタビューを行うと「うちのお客様は、他社のお客様とはまったく違っている」という現実に、あっと驚くことになります。

お客様に対するインタビューは、実は、売れている会社ほど日常的にやっている当たり前のことでもあります。某大手企業は、新入社員全員に対し「お客様の話を聞いてくる」という研修を導入していますし、某通販企業では、会報誌を作るという名目で、顧客の家に行って話を聞かせてもらい、どんな生活をしているのかを垣間見た上で販促物を作っています。実際に顧客インタビューを試した人が「**むしろ、話を聞かずに書くほうが怖くなる**」と口を揃えて言うのにも、多くの企業がわざわざコストをかけて実施し続けているのにも、理由があるのです。

## どんな人に頼むのか

では、実際にどのように顧客インタビューを進めていくのでしょうか。身近な人へのインタビュー練習が終わったら、**顧客の中でも「頼みやすい」関係性にある方から**、話を聞かせていただきましょう。「クレームがなく、こちらが何も案内しなくても他の商品もどんどん買ってくれて、この人があと一〇〇人増えたらうれしい」と素直に思えるような方であれば、どんな方でもかまいません（次ページ 図1 ）。

「クレームがない」なら、基本的には、その商品やサービスを気に入ってくれているはずです。「勝手にどんどん買ってくれる」なら、あなたの会社やブランドを信頼いただいている証拠でしょう。そして、いくら気前のいい人だとしても「この人があと一〇〇人もいたらたいへんだ」と感じるならば、あえて、その方をインタビューする必要はありませんよね。

図1 一般に「上位顧客」や「ロイヤルカスタマー」と呼ばれる愛用者に依頼しよう

もし新商品で、まだ顧客がいないなら、モニターを依頼して気に入ってくれた人に生の声を聞くだけでも、完全に空想で作る見せ方とは大きく変わるはずです。

また、アフィリエイターなどエンドユーザーとの接点がほとんどない仲介業であっても、間接的な情報だけに頼っていては、どうしても限界があります。インタビューの機会をつかむのは簡単ではないかもしれませんが、競合との違いを作るために、他の人がやらないことをあえて試してみる価値はあるはずです。例えば「友達の友達」といった伝手をたどっていけば、その商品やサービスを買ったことがある人が見つかるかもしれませんし、単に、身近な人に使ってもらって感想を聞くだけでもまったく違います。

## たとえ断られても失うものはない

いざ依頼する段になると、「インタビューをお願いしたせいで嫌われたり、質問が下手であきれられたりしたらどうしよう」と心配になる方もいらっしゃいますが、杞憂に過ぎません。もし自分が気に入って使っている商品やサービスの会社から、少し話を聞かせてほしいと言われたとしたら、嫌な気持ちになるでしょうか。むしろ、ちょっとうれしくなりませんか。それどころか、お役に立てるなら喜んで協力したいし、自分がどれだけこの商品のことを好きなのか、なぜこれにたどり着いたのか、どこを気に入っているのかなど**「ファンならでは」のエピソードをたくさん語りたい**と思うはずです。

それに、商品を送り出しているメーカーやお店の人と話す機会などそうありませんから、社会見学的なワクワク感や非日常感だって楽しいはずです。さらに、自分の声が今後の商品開発や販売促進に活かされる可能性もあるなら、テンションが上がりますよね。そもそも、嫌なら簡単に断れる提案であるにも関わらず、ただ依頼したくらいで関係性がまずくなるはずがありません。

いずれにせよ、単に、これまで依頼していないからインタビューの経験がないだけで、頼みさえすれば誰かは協力してくれるものです。やる前にはハードルが高いように思えるかもしれませんが、いざやってみると**優良顧客との距離がグッと縮まって親しくなれるチャンス**でもあり、何より「こんな風に思ってくれていたなんて」という、うれしい時間になることは請け合いです。それに、万が一、誰も反応してくれなかったとしても、失うものはないはずですよね。今、**顔が浮かんでいる人がいるならば、まずはその人に声をかけてみましょう。**また、商品やサービスの購入から一定期間が経過したタイミングで送る、「レビュー投稿をお願いするメール」と同じような形で依頼するのもよいでしょう。

なお、基本的に、謝礼は必要ありません。あなたが顧客の立場であれば、謝礼の有無や多寡より

図2　3人のお客様の話を聞いてみると共通の傾向が見えてくる

【とある商品を3人が購入した理由】

デザイン一つ一つが
ユニークで、
引きつけられました。

どこにでもありそうな
感じじゃなくて、
個性があるものがいい。

斬新で画期的な
提案のおかげで、
納得いくものに
なりました。

も、むしろ純粋に応援したいという気持ちでインタビューに応じるのではないでしょうか。それに、投下していただく時間に見合う金額がいくらになるのかなど、そもそも算定不可能です。つまり、貴重な意見に見合うほどの謝礼など、はじめから存在しないともいえるため、中途半端な謝礼で釣ろうとするよりも、「助けてほしい」と素直に訴えかけたほうが協力を得られる可能性が高くなるはずです。

## 3人聞けば共通傾向が見える

おもしろいことに、多くの人から話を聞くほど情報量が増えるわけではないため、それほど多くの人にインタビューしなければいけないわけではありません。自社の顧客には必ず共通傾向があり、何人聞いても判で押したように同じような話しか出て来ないことが大半だからです。そのため、まずは3人に話を聞いてみるところから始めれば、十分といえます 図2 。

1人に聞いただけでは「この人固有の意見であって、他の人は違うかもしれない」と、せっかく聞いた情報を無視したくなります。2人から同じ話を聞いたとしても、偶然の一致だと却下したくなるものですが、さすがに3人も被ってくると「うちのお客様に共通する傾向だ」と認めざるを得ません。つまり、自分自身の思い込みをはずし、インタビューの結果に自信を持っていただくために必要な人数が3人なのです。

ぜひ、1対1での1時間インタビューをさせていただける方を3人以上リストアップし、連絡してみることから始めていきましょう。

**Key Point**

**顧客インタビューは怖くない。むしろ、優良顧客との距離をグンと縮めるチャンス。**

02

# 時系列で聞いていこう

インタビューをうまく進めるために、まずはもっとも基本的なタイムラインを理解しましょう。

## 「過去」に戻す質問から始める

初対面のお客様とのインタビューで、いったい何を糸口に話を始めればよいのか迷ったら、まずは「確実に答えられる質問」から聞いてみましょう。

とはいえ、答えられる質問であれば、どんな内容のものでもよいわけではありません。顧客インタビューの目的は、あくまで「売れる文章の材料」を手に入れることにあります。売れるかどうかをわける「決め手」がいったいどこにあるのかを解明したいなら、聞くべきなのは「購買決定の瞬間」に何があったのか。つまり、商品やサービスをすでに使って満足している「現在」の話ではなく、商品

**図1 顧客インタビューの基本的なタイムライン**

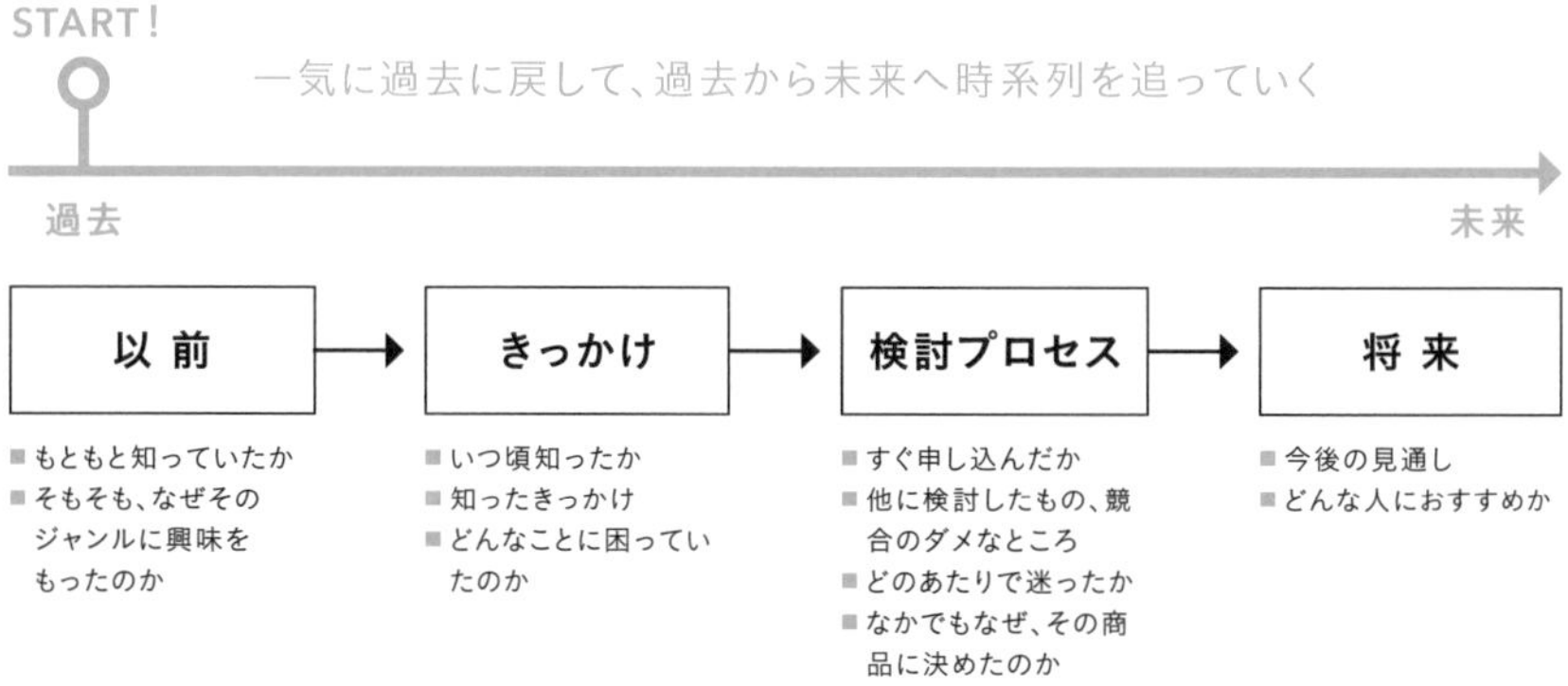

START！

一気に過去に戻して、過去から未来へ時系列を追っていく

過去　→　未来

| 以前 | きっかけ | 検討プロセス | 将来 |
|---|---|---|---|
| ■もともと知っていたか<br>■そもそも、なぜそのジャンルに興味をもったのか | ■いつ頃知ったか<br>■知ったきっかけ<br>■どんなことに困っていたのか | ■すぐ申し込んだか<br>■他に検討したもの、競合のダメなところ<br>■どのあたりで迷ったか<br>■なかでもなぜ、その商品に決めたのか | ■今後の見通し<br>■どんな人におすすめか |

やサービスに出会う前から、購買を決めた瞬間に至る「過去」に起こった昔話を聞く必要があるのです。

けれど、物理的には「今」にいる状態ですから、突然「過去」の話をして欲しいと言われても、いきなり思い出すことはできません。そのため、まずはインタビューの冒頭で、相手の頭の中を、強引に「過去」に引き戻すような質問をして、**「そのときの情景」をありありと語れる状態に持っていくことが必要になります。**例えば「いつ頃、知りましたか？」といった使用歴に関わる質問をすれば、お客様は「あれは、いつだったかな？」と頭の中で検索をかけて、過去の特定の瞬間を見つけることになりますよね。つまり、質問に答えようと考えを巡らせているうちに、**自然と『頭の中の時間軸』を過去に戻すことができるのです**（図1）。

ある具体的な地点の記憶にいったんたどり着くと、自然にその時点に関連する記憶や感情も蘇ってくるので、「あぁ、あの頃は、こんな状況で、あんなことに悩んでいたんだよな」と購入の瞬間までのプロセスを思い出しやすくなります。つまり、「それは、いつ？」という時やタイミング、使用歴に関わる質問は、本人が思い出すことさえできれば、冒頭からつまずく心配のない便利な質問の1つなのです。

そもそも、過去の出来事を話してもらう場合には、時系列順に聞いていくのが、自然な頭の使い方ですよね。わざわざ事の前後関係を混乱させて、「今」の話をしたあと「過去」に戻り、そのあと一瞬「未来」の話をしてから、また「過去」に戻るといった複雑な聞き方になると、連想の流れが切れてしまい、思い出せたはずのことも出てこなくなります。それに、話している当人も「使用後の今、思っていること」なのか「購入前に思っていたこと」なのかの区別をつけることが難しくなってしまいますよね。もちろん、不意に思い出して話が飛ぶようなことはありますが、こちらが質問するたびに、何度も頭の中の時間軸を切り替えることを強要していては、浅い記憶にしかアクセスできないのも当然です。

大切なのは、買った後で「実際に満足した」内容ではなく、むしろ買う前に「**こういう効果が得られるはずだ**」と期待していたイメージのほうだからこそ、冒頭で一気に過去に戻す質問してしまうことで、スムーズに話を引き出していけるのです。

## 検討プロセスを追いかける

「使い始めてどれくらい経つのか」「いつ頃知ったのか」「もともと知っていたのか」「そもそも、な

**図2 認知から購買行動の間に何があったかを探る**

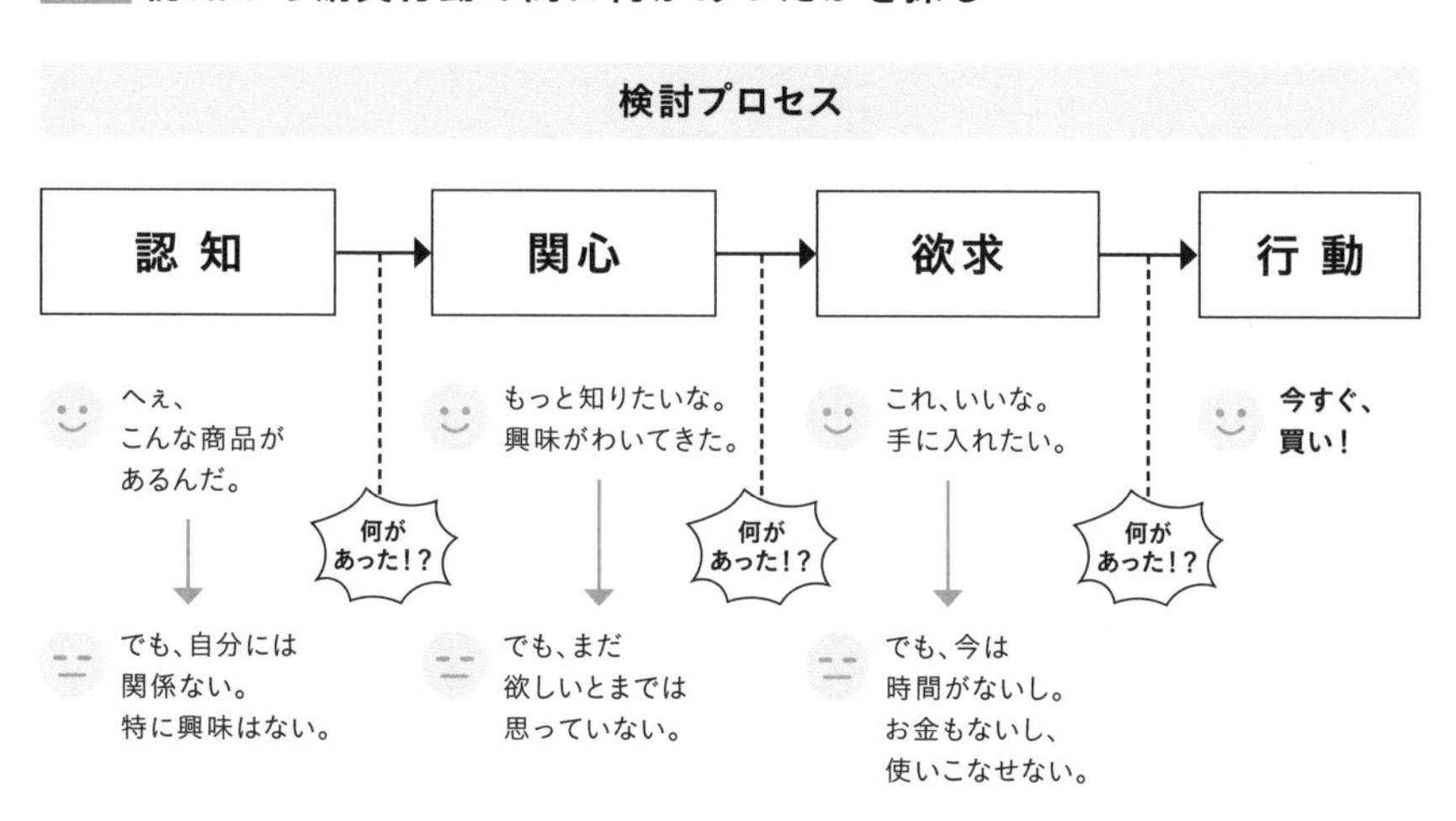


ぜそのジャンルに興味を持ったのか」といった、はじめて知った際の経緯が聞けたなら、次に知りたいのは、その認知と実際の行動の間に、いったい何があったのかという部分です 図2 。

というのも、商品やサービスを知ったからといって、すぐに行動に移すとは限りませんよね。新しいと思ったとしても、「とはいえ自分には関係のない話だ」と切り捨てたり、欲しい気持ちになったとしても、「今ではない」と立ち止まったりして、即購入するわけではない場合が大半です。そこで、どのような検討プロセスを経て購入に至ったのかについての情報を得ておく必要があります。

なにしろ、「今すぐ行動できなかった理由」の中には、あらかじめ、ちょっとした情報を提供するだけで解決できたはずのものも多いもの。「自分には関係ない話だ」と思い込んでいる人の誤解を解き、必要性をきちんと理解できるように説明すれば、無駄な検討時間をぎゅっと短縮できるかもしれません。また、不安や躊躇の原因を取り除く情報を提供できれば、今すぐの行動を誘うことだって可能になります。

つまり、どのように興味を持つようになったのか、そして、どうして行動に至ったのかというプロセスを追いかけていくと、**今すぐ対応可能な施策のヒントもたくさん得られるのです。**

## インタビューの終わらせ方

インタビューで話がはずむほど、どうやって切り上げればいいのかわからず、長時間話し続けてしまうことになりかねません。そこで、過去から現在に向かってインタビューしてきた延長で、**「未来についての質問」をすると、自然に終わりやすい雰囲気を作り出せる**ことを活用しましょう。

例えば、「今後、どのように商品やサービスを活用していきたいのか」「どんな理想を思い描いているのか」といった話を聞くことができれば、**お客様が本当は何を期待して行動したのかも透けて見える**ことになり、より的確なライティングをするためにも役に立ちます。

また、最後の質問として「どんな人におすすめだと思いますか」と尋ねてみるのも、気持ちよく終わらせることができる方法の一つです。というのも、お客様は**「もっとこんな売り方をしたらいいのに」というアイデアを持っていることが多く**、「本当はこういう人も買うはずなのに、もったいない」とか「本来伝えるべき内容が伝わっていなくて、もどかしい」などと思っているものだからです。聞かれなければ、あえて言うことはありませんが、非常に的確で有益なアドバイスをいただけることが多いので、インタビューの機会を使って、ぜひ、既存のお客様に見せ方や売り方の相談を持ちかけてみましょう。

いずれにせよ、まずはこの「過去から未来」という基本的な流れを頭に入れておけば、途中で詰まることなく、インタビューを終えられるはずです。

Key Point

**「過去」に戻す質問から始めて、「未来」へ向かう流れを上手に作ろう。**

03

# 顧客インタビュー①認知前

商品・サービスを「認知する前」の話を聞くために、「ビフォーの状態」の具体例を引き出していきましょう。

## なぜ「認知前の情景」を聞く必要があるのか

時系列に沿ってスムーズに正確な記憶を引き出していくためには、まずは「商品やサービスの購買につながる一番古い事柄」にアクセスすることが大切です。というのも、お客様は何の脈絡もなくうちの商品やサービスにたどり着くわけではありません。多くの人は、自分自身の悩みに無自覚で、普段は気にも留めずに過ごしていますが、何気なくテレビや雑誌、ユーチューブやＳＮＳを眺めたり、つい広告をクリックして何かを買ってみたりする中で、無意識のうちに関連する情報を得ているもの。つまり、はじめのうちは自分の問題を直視することを避けているのですが、あるとき、現実を突

**図1 ビフォー（使用前）の理解が土台になる**

きつけられる衝撃的な事件が起こり、解決策を模索し始めるのです 図1 。

例えば、百貨店でディスプレイされている洋服を見て、思わず「素敵！」ととときめいた服をいざ試着しようとしたら、ファスナーが上がらなくてがっかりしたとか、地下鉄の車窓に「やたら疲れた人が映っているな」と思ったら自分だったとか、集合写真を見て「この太った人は誰だろう」と思ったら自分だったといった例は、枚挙に暇がありませんよね。誰もが、自分を客観視できておらず、決定的な出来事がなければ、解決すべき問題があることに気づくこともないのです（次ページ 図2 ）。

だからこそ、未来のお客様にアピールする文章を作るためには、「既存客が自分自身の問題に気づいた瞬間」を知っていることが大切になります。というのも、実際に体験せずとも「自分も同じく解決すべき問題を抱えている」ことに気づくことができれば、あなたの商品やサービスに興味を持ち始めるきっかけにな

**図2 商品・サービスを認知する以前の、問題を自覚する場面を特定する**

るからです。例えば、多くの人は、少しくらい姿勢が悪くても、今すぐ改善しなければならないというほどの危機感は持っていませんよね。専門家の立場から見れば、近い将来に確実に問題を引き起こすことがわかっていても、本人は現在まったく困っておらず、未来に対する不安も感じていない状態であるなら、わざわざ治さなくてはいけないという気持ちにはならないものです。けれど、「今、正座ができないなら危険です」「枕が合わないと感じているなら、実はこういう可能性もあるんです」といった話を聞かされると、急に興味がわいてくる方もいらっしゃることでしょう。

例えて言うなら、路上でナンパをする際に、はじめにどのように話しかければ、立ち止まってもらえるのかがわからないと、話を聞いてもらうことすらできないのと同じです。そもそも「うちの商品やサービスの存在を認知する前には、どういう状態にあったのか」「悩んでいたのか、まったく気にも留めていなかったのか」「他に試してみたものはあるのか」など、購買行動の前提となる状況をあらかじめ知っておくほど、どうすれば文章の冒頭で興味をグッと引きつけられるかのヒントになります。また、「今うちに来てくださっているお客様は、どうやって問題を自覚するに至ったのか」「どんな場面で決定的に気づくことになったのか」という典型的なビフォーの場面を集めておくほど、商品の必要性を認識してもらいやすい文章が書けるのです。

## 出会う以前の話を聞いてみよう

ここからは、英会話の教材に関する情報を聞いていくと仮定して、実際の会話例をもとに、どのように進めていくべきかを考えてみましょう。商品の売り手であるあなたが、すでにその商品を購入した顧客に、インタビューをしていくと想定して、まずは、「商品に出会う前に、どういう状況にあったのか」という話から、具体的な場面を引き出していきます。

**あなた**　はじめて当社のサービスをお使いいただいたのは、3年ほど前かと思うのですが……まずは、当社を知っていただいたきっかけについてお伺いしたいと思います。少し前にはなるのですが、当時のことを覚えていらっしゃいますでしょうか。例えば、どうして英語を勉強しようと思い立ったのかとか、その頃、何に困っていたのか、といった部分をお話しいただけますか。

**お客様**　えーっと、たまたま海外で行われたビジネスセミナーに参加する機会があって、日本語の同時通訳つきのセミナーだったんですが、やたらとストレスを感じたので、やっぱり話せたほうがいいなと思ったのがきっかけだったような気がします。

**聞き手**　ストレスというと？

**お客様**　例えば、売上とか集客数とか数字が多く出てくるときに、日本円とドルとで通貨換算すると、通訳ミスが起こりやすいんですよね。桁区切りが違うので、二度変換しなきゃいけなくて、たいへんなのは理解できるのですが、とはいえ、桁を間違ったまま話が進むと、まったくニュアンスが違ってくるんですよ。

学生時代に英語は得意科目だったので、もう20年以上離れているとはいえ、通訳ミスがわかっちゃうこともあって。下手にちょっと聞こえるせいで、かえって、もどかしいって感じでしょうか。

**聞き手**　なるほど。他にも、もどかしいって感じる場面って何かありましたか？

**お客様**　懇親会のような場面では通訳がつかないんですが、他の参加者ともっと英語でコミュニケーションが取れたらなぁと。5歳レベルの語彙力では、伝えられる内容が制限されるし、結果、軽く扱われるのも悔しいし。

あと、通りがかりで講師に個人的に質問できれば、もっと自分の状況に即したアドバイスをもらえたりするとか、日本語だと普通にできることを英語でもできたらいいなぁと。あわよくば、海外の人たちに混じってワークをしたりシェアしたりできたほうがもっと楽しそうですしね。

## 具体的な場面を引き出すのがポイント

顧客インタビューでは、どれだけ具体的な場面を聞くことができるかが、情報の質と量を決めます。なにしろ、「悩んでいる」といった抽象度の高い概念的な言葉は、どんな商品やサービスにも当てはまるので、自社の独自性を説明するための文章に使うことができませんよね。けれど、**うちのお客様が過去に経験してきた実際の事例から出た言葉**であれば、同じような状況にある「未来のお客様」にも響きやすく、思わず引き込まれる文章を作る材料になるからです。

特に、顧客インタビューで出てくる「その商品を使う以前（ビフォー）」の場面は、次のような読者の共感を得るための文章にそのまま使うこともできますし、広告など興味関心を引くための文章の素にもなりますから、たくさんストックがあるに越したことはありません。「例えば？」「具体的には？」といった質問で、上手に具体的な場面を引き出して、目の前に情景をありありと描けるように聞いていくことが重要です。

**【読者の共感を得るための文章】**

■〇〇という悩みはありませんか？
■〇〇が気になっていませんか？
■〇〇な人は他にいませんか？

また、「ビフォーの状態」が手に取るようにわかってこそ、ようやく次の話を聞く準備が整うともいえるので、うっかり前提を勘違いしないように、特に注意深く情報を引き出しておく必要があります。

例えば、「英語が得意で通訳ミスがわかる」という人なのか「英語は苦手だ」という人なのかを知らないまま、勝手に初心者に違いないと思い込んでいたら、どんどん話がずれていってしまいます。自己申告があったとしても、スコアでは測れない部分も大きく、「極端に控えめな人」と「大げさに言う人」との幅もあり、本当のところは簡単にはつかめないもの。だからこそ、具体的な場面をしっかりと聞いておくことは、これから話を進めていくための前提を確保しておく意味でも、非常に大切になるのです。

Key Point

**認知前の具体的な場面を知ることで、インタビューの土台を作る。**

# 04 顧客インタビュー② きっかけ

行動の「きっかけ」となった出来事を知ることで、単に知られているだけの状態から一歩踏み込んだ関係性を作るヒントをつかみます。

## なぜ「きっかけ」を聞く必要があるのか

商品やサービスについて「ただ知っている」というだけの状態がどんなに長く続いても、何事も起こりません。単なる知り合いが、自動的に友人や恋人になったりしないのと同じように、認知を得てから「興味を持ち、購入したいと思い始める」状態に移行するには、途中で何らかの「きっかけ」が必要になります。

例えば、英語の教材であれば、海外旅行に出かけた先で「やっぱり英語ができたらいいな」と感じて、本格的に勉強しようという決意を胸に帰国する人は多いでしょう。けれど、すぐに行動に移す人は少数派です。結局は、何もしないまま忘れるほうが一般的であるにも関わらず、どうして既存客は勉強を始めたのでしょうか。いったいどんな「きっかけ」があったら、**今すぐ解決すべき「自分ごと」として意識し始めるのか**、気持ちが変わっていった原因はどこにあるのかについて、既存のお客様の実体験を知っていれば、**他の人を説得する際にも応用できます**。同じ流れで説明するだけで「欲しい」と思っていただける可能性が高くなるからです。

**あなた**　それで、帰ってきて早速勉強を始めた感じですか？

**お客様**　うーん、やろうと思ったものの、何から始めればいいのか、よくわからなくて。とりあえず、本屋さんで英語の資格試験本を買ってみたり。あと、オンライン英会話の広告を見て、試してみたりもしたんですけど……。

**あなた**　けど？　どうでしたか？

**お客様**　なんか、すべて三日坊主というか、これをこのままやっても、うまくなる気がしなかったんですよね。

**あなた**　例えば、どんなときに「このままやってもうまくなる気がしない」って思いましたか？

**お客様**　若い頃と同じやり方では、英単語が全然覚えられないんですよ。その上、学生時代のテストみたいな強制力もないし。

**あなた**　学生時代と同じようにやろうとしたけれど、うまくいかなかった？

**お客様**　そう。今さらやっても、やっぱり無理なんじゃないかなとか、かえってやる気までなくなってきて、これまでと同じ方法じゃダメなんだろうと。

**あなた**　それで？

**お客様**　ふと、英語の勉強って、昔はカセットやラジオを使うしかなかったけれど、今はスマホやネットがあるから圧倒的に有利だって気づいた瞬間があって。記憶力は落ちてるけど、文明の利器を使えば、昔はできなかったことができるんじゃないかと思ったら、急になんだかワクワクしてきたんですよね。

**あなた**　具体的には、どんなところにワクワクされたんですか？

**お客様**　ユーチューブやポッドキャストで英語の音は聴き放題だし、知らない単語の意味はワンタップで出てくるから調べるのが圧倒的に速いし、世界中の先生と家からオンラインで簡単に話すこともできるし、すごいなと。で、今だからできる新しい方法を取り入れたら、私、どこまで行けるんだろうって気になってきて。

## 事実は小説よりも奇なり

「きっかけ」を聞くときに大切なのは、自分の先入観を入れず、過去に起こった出来事を「事実ベース」でつなげる意識で聞くことにあります。特に、自分にも似たような経験があると、「わかる！　私も同じだった」と勝手に思ってしまいがちですが、冷静に考えれば、完全に同じ状況に置か

**図1 きっかけや背景から選んだ理由を特定していく**

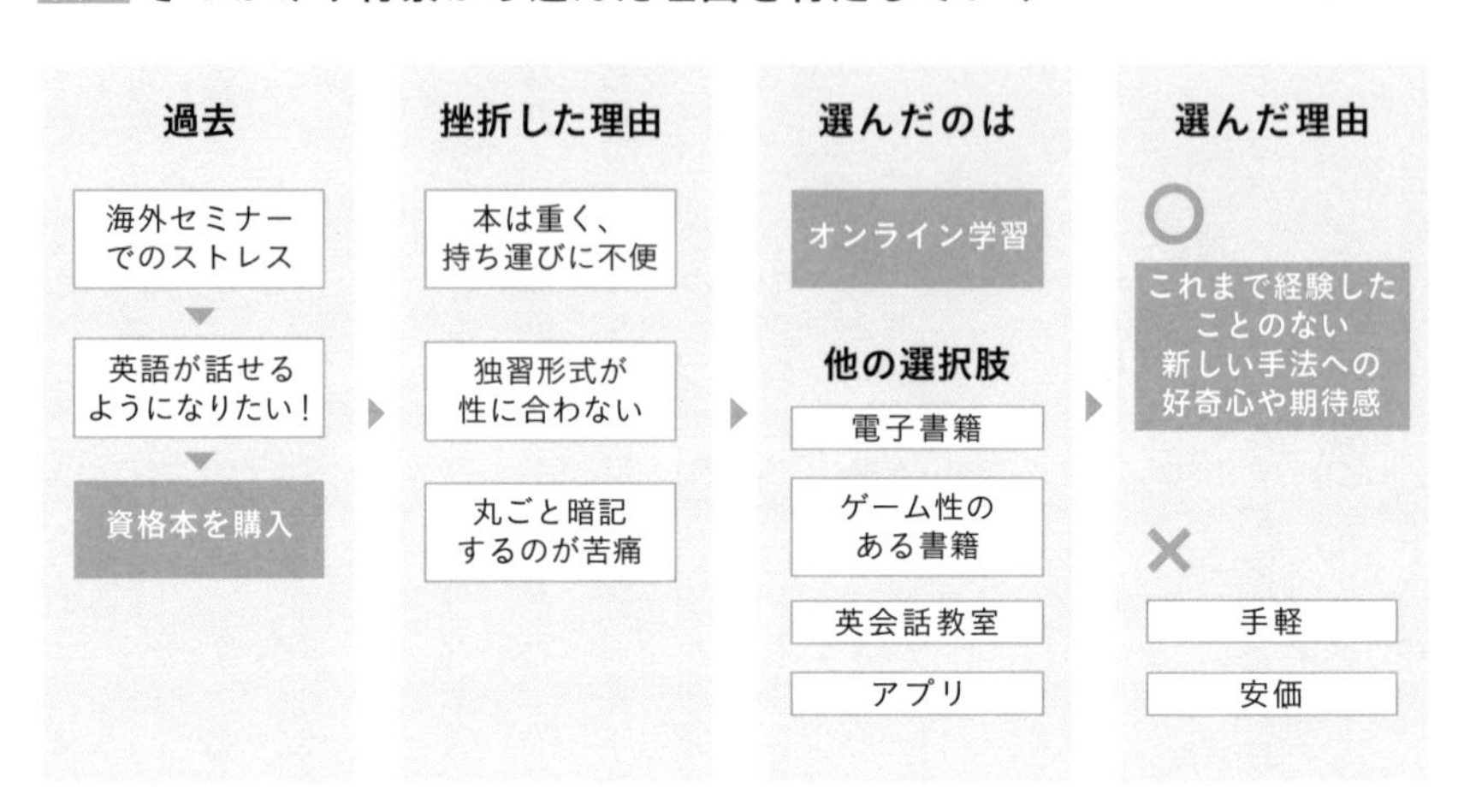


れることなどないのですから、本当の気持ちが簡単にわかるはずはないのです。むしろ、「自分は、勘違いしているのではないか」「自分とは違っているのではないか」と不安に思うほうがよいくらいです。

例えば、同じように「資格試験対策用の英単語集」を購入して挫折した経験があったとしても、その人にその方法が合わなかった理由は、千差万別です。本を持ち歩くのが重くて電子書籍にするだけでうまくいく人もいれば、1人でコツコツ覚えること自体が向いてないパターンもあるはずです。ゲーム性があれば楽しく続けられる人もいれば、そもそも検定を目指して勉強する必要性がないのに、テスト範囲の語彙を網羅しようと考えること自体がやる気を下げているだけかもしれません。もしくは、単語帳形式でないほうが覚えられる人もいるでしょう。つまり、無限の可能性がある以上、もし自分にとって馴染みのある話が出てきたとしても、逆に、にわかには信じがたいほど意外な話が出てきても、**慎重に「事実」を追っていくことが大**

図2 無数の選択肢から絞り込んだ理由を探る（図はダイエットの例）

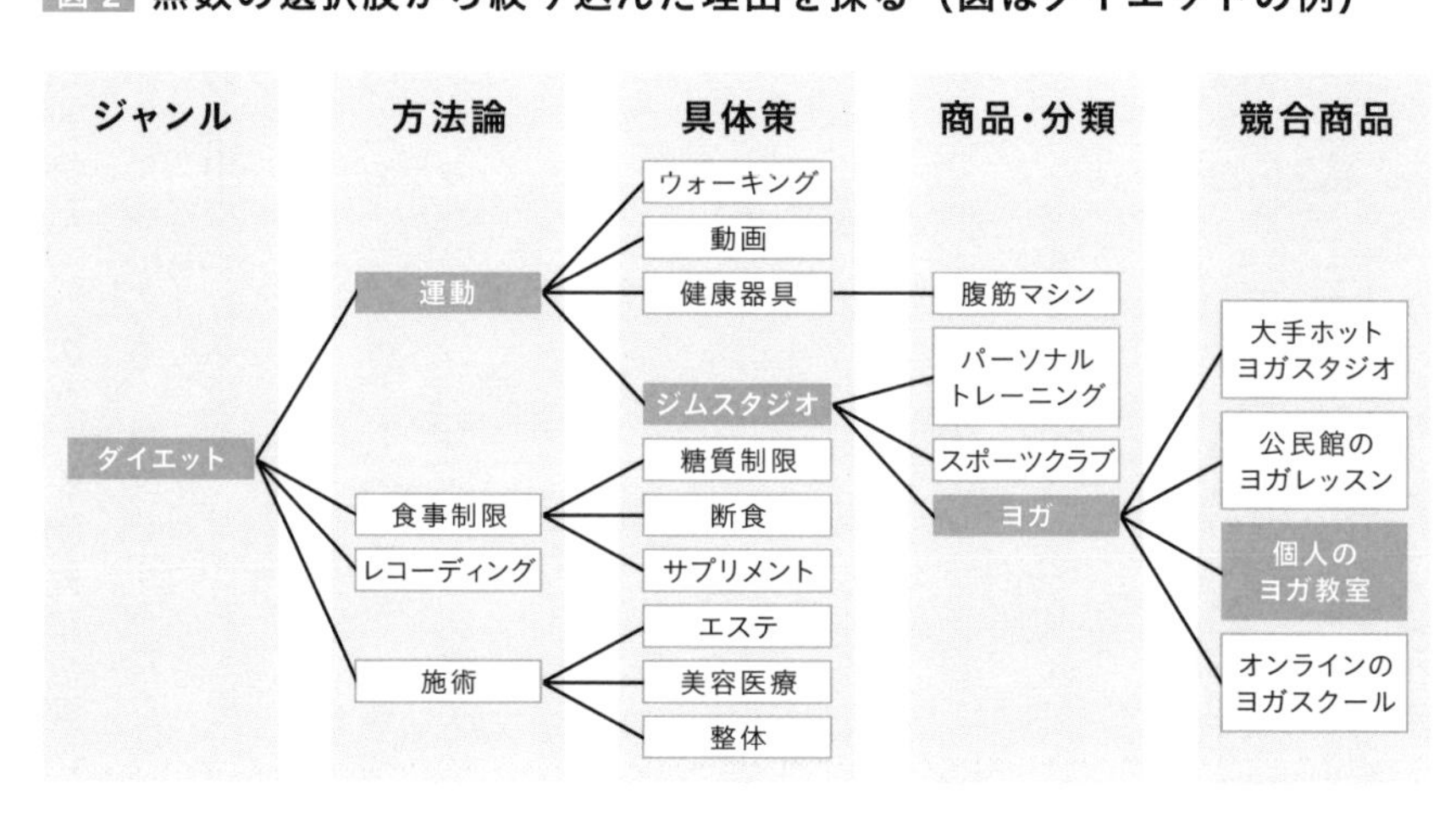


切なのです 図1。

先の例では、感情を突き動かした原動力は、オンラインでの英語学習の特徴としてよく取り上げられる「安い」とか「手軽」といった他の手段との比較ではなく、むしろ、スマートフォンやインターネットといった「自分がこれまでに経験したことがない新しい手法」を導入することへの好奇心や期待感であるようです。けれど、それだけでは、他のオンライン英会話系の商品やサービスでもよいはずですよね。とすると、次に必要になるのは、なぜ他ではなくて、あえてうちを選んだのかという「選ばれる理由」の特定です。

## 「きっかけ」は、他がダメな理由の中にある

多くの方は、お客様のインタビューで、いきなり「自社の商品やサービスの話」を聞こうとしてしまいがちですが、実は「どうして他ではダメだったのか」を先に引き出しておく必要があります。「自分はいっ

たい何が嫌だったのか」を明確に言語化できてはじめて、「なぜ、これを選んだのか、どこがよかったのか」についても、話せるようになるからです。また、過去の経緯を語ってはじめて、その経験との比較の中で「なるほど、だからこそ、これに興味を持ったんだ」という気持ちも共有できるようになります（前ページ 図2 ）。

そのため、まずは、しっかりと「自社以外の話」を聞いておきましょう。事実を積み上げた先に、それぞれの人の持つ一貫性がふと垣間見える瞬間こそが、売れる文章の原石に行き当たる瞬間なのです。

Key Point

**「うちにたどり着く以前に検討したもの」や「競合他社に対する不満」を聞いておく。**

05

# 顧客インタビュー③
# 検討プロセス

購入の検討段階で、すべてのブレーキを解除して、スムーズに購買の意思決定をしてもらうには、どうすればよいでしょうか。

## なぜ「検討プロセス」を聞く必要があるのか

商品やサービスに興味関心を持って、欲しい気持ちになったとしても、だからといって、今すぐ手に入れようとするとは限りません。

- 今すぐではなく別の機会でもいいのかもしれない
- もしかすると他にもっといいものがあるかもしれない
- 自分が使いこなせるのか自信がない
- 他の人がどう思うのか気になる など

図1　購買を踏み止まらせるブレーキ要素をなくす

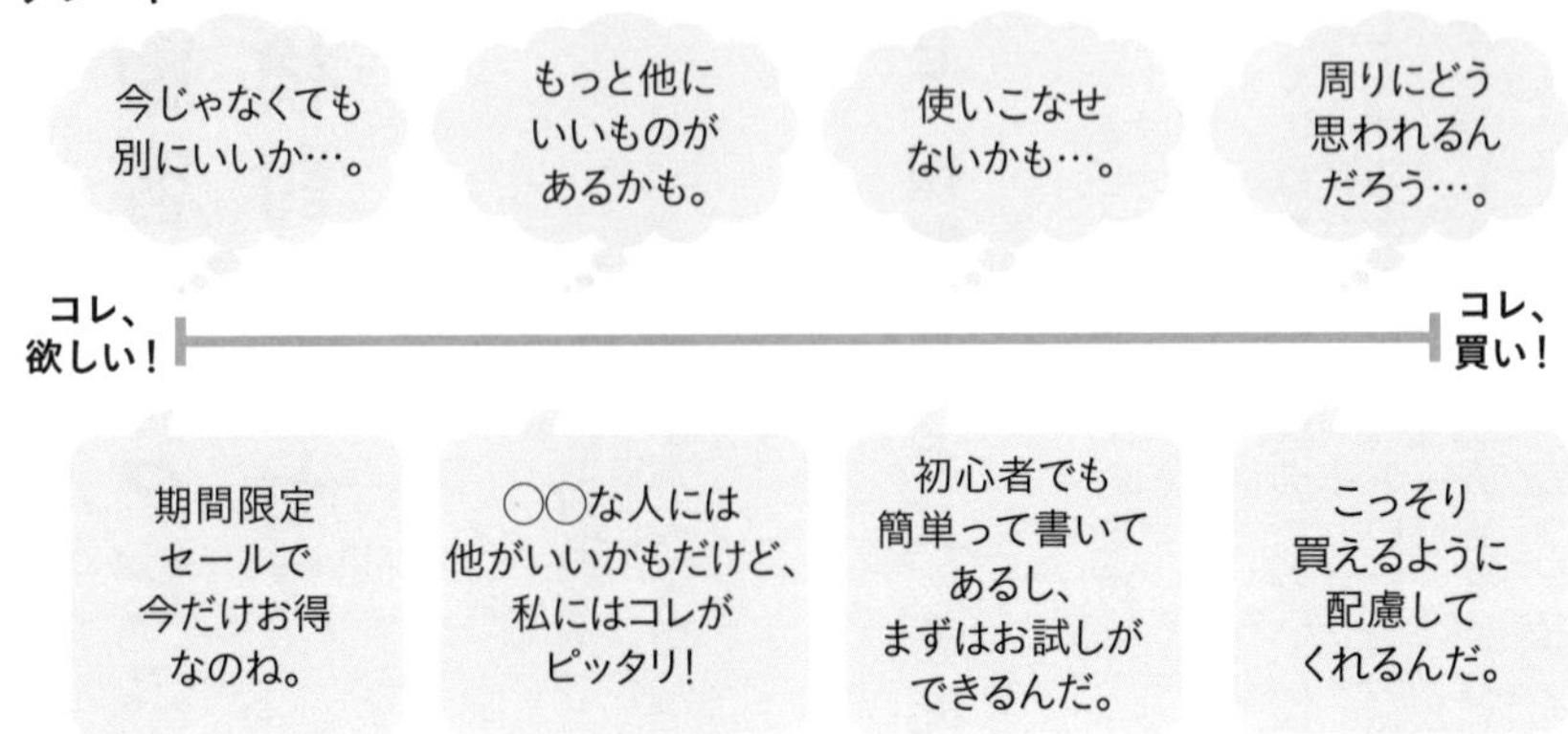


さまざまな言い訳をして、とりあえず今は行動しないという判断をするのが人間です。

もちろん、欲しいと感じてもらわなければ、何も始まらないため、まずは右脳的・感覚的に気持ちを動かす必要があります。けれど、実際に行動するには、瞬間的な衝動だけでは足りないのです。**その欲しい気持ちを正当化できる十分な理由、自分自身に「買ってもよい」という許可を出すことができる、それらしい言い訳や納得できる理屈**がないと、今すぐ動くことはできません（図1）。

特に、文章で売る場合には、あとから情報を補足できない一発勝負だからこそ、「買わない理由」を一つでも残してしまったならば、すべての苦労が無駄になってしまいます。

商品やサービスを知ってから実際に申し込むまでの期間や、他社の商品やサービスも比較検討したのか、どこで迷ったのか、どこに不安を感じたのか、どのような検討プロセスを経たのか、といった経緯を、あらかじめ詳細に知っていることが、売れる文章になるか否かを左右するのです。

## 簡単に納得しないのがポイント

顧客インタビューの際には、いつでも**「本当に、そんな理由で買えるだろうか」**と疑いながら進めていくことが大切です。「もし、自分がお客様の立場であれば、他にも選択肢があり、もしかしたら今すぐ行動しなくてもよいかもしれない中で、決断できるだろうか」と考えたときに、「まさか、こんな理由で納得できるわけがない。自分だったら、さすがにこれだけでは行動できない」と思ったとしたら、**まだ聞き足りていない情報があるはずです。**

実際、多く人が行動せずに素通りしていく中で、あえて何かをするという決断は、かなり特殊で奇妙だといえなくもないですよね。その**「なぜ?」という不思議さに、十分に納得がいくだけの情報を得られていないなら、**話を終わらせるわけにはいきません。

では、どんな風に検討プロセスを掘り下げていくのか、実際のインタビュー例を見てみましょう。

**あなた**　うちのサービスをどこで初めて知ったか、覚えておられますか?　例えば、広告だったのか、検索だったのか、紹介だったのかとか……。

**お客様**　あんまり、覚えてないんですよね。たぶん、英単語の使い分けを検索していたときにブログにたどり着いて、あ、こういうサービスがあるんだって知ったんだと思います。

**あなた**　知ってすぐに、やってみようという気になりましたか？

**お客様**　これまでとは違ったアプローチだったので、へぇ、こういう考え方もおもしろいなと思って読んでいるうちに、あ、この方法だったら、今の私にぴったり合うかもって思って。わりとすぐに体験に申し込んだんじゃないかな。

**あなた**　なるほど。どのあたりが「今の私にぴったり合う」って思われましたか？　他とは違った印象だったところって、どのへんだったのでしょうか？

**お客様**　もともと発音は、悪くなかったんですよ。発音矯正アプリでも高得点が出るくらいだったし、聞き返されることも滅多になかったし。
ただ、他の勉強法だと「昔の自分」と比べてしまいがちで、自分にずっとダメ出しし続けることになって、辛いなと。だったら、いっそ単語力とか文法力ではなく「今のほうが圧倒的にきれいな発音だ、今の自分のほうがよい！」と思えるほうが、また英語の勉強が楽しくなっていいんじゃないかなと。

**あなた**　なるほど。発音自体に問題意識を感じていたというよりも、昔の自分よりも秀でた部分が作れる可能性を感じたのが発音だったってわけですね。

**お客様**　えぇ。それに、発音って、スマホで聞いたり録音したりが簡単にできる今の時代だからこそ強化しやすい部分だし、なおいいなと。

**あなた**　確かに、そうですよね。始める前に躊躇したポイントは、ありませんでしたか？

**お客様**　うーん、価格帯が比較的高めだなとは思ったんですよね。ただ、体験でかなり手応えを感じていたのと、それだけ結果が出せる自信があるんだろうと思って、そこまで迷わなかったかな。それに、何よりも、行き詰まっていたので……。

**あなた**　というと？

**お客様**　初心者向けの英会話はたくさんあっても、中級者がもう一段階上がるための方法っていうのが、よくわからなくて。あれこれ模索していたけれど、私にとっては、これが正解なんじゃないかなと思ったんです。

**あなた**　正解？

**お客様**　たまたまなんですが、昔うまくいっていた頃の方法に近くて。これで伸びないわけがない、私にとっては得意なやり方のはずだって確信めいたものもあったし。あと、自然に全方位的な英語力が上がりそうな気がしたんですよ。何をどう勉強したらもっと伸びるのかわからなかったところに、ついに道が見えたって感じだったんです。

インタビューでは「でも、それだけでは行動しない人もいますよね？」といったツッコミの質問を遠慮なく入れていきましょう。最終的には、「確かに、そんなシチュエーションに置かれたなら、自分も同じ行動をするかもしれない」という感覚を持てるようになることが重要です。自分が対象者ではない商品やサービスであったとしても、「お客様と同じ状況であれば、きっと自分も行動するだろう」という気持ちがわかることを目指していきましょう。

## 買わない理由をすべてなくす

購入するために必要なのは「他ではなくこれを選んでもよい、今すぐ行動してもよい」と確信できる情報です。結局のところ「いいな、欲しいな」と思ったとしても、最後に決断し切れないのは、他と何が違うのかがわからなかったり、どうして今決断しなければいけないのかがわからなかったり、不明点が残ってしまっているからなのです。

買うのを躊躇する理由のことを、私自身は「ブレーキ要素」と呼んでいます。行動を後押しする理由が「アクセル」だとすると、行動を引き留めるように作用するのが「ブレーキ」です。アクセルを踏みながら、同時にブレーキを強く踏んでいて、車が前に進むことはありませんよね。説得の最後の大詰め部分で、うっかり「買わない理由」を残さないようにするためにも、いったい何がその人にとっての「ブレーキ」となっているのかを特定しておくことが鍵となるのです。

Key Point

**普通の人が行動しない中、あえて動くことができた理由ををつかむ。**

06

# 顧客インタビュー④ 将来

購入時に期待した変化（アフターの情景）を知ることが、感情を動かす文章につながります。

## なぜ典型的な「ゴールの情景」を知る必要があるのか

どんなに商品やサービスの仕様を詳しく知ったとしても、自分の日常がどんな風に変わるのかが具体的にイメージできなければ、「買う」という行動にはつながりません。だからこそ、あらかじめ顧客インタビューの中で「ライティングの材料となる情景」を集めて「ビフォー・アフターの変化」を具体的に描き出せるようにしておく必要があるのです。

商品やサービスに出会う直前の典型的な場面がわかっていれば、そもそもどこから話を始めるべきかという「**ライティングのスタート地点**」が明確になります。また、「商品やサービスを使用したあとに、どんな状態になっていることを期待していたのか」がわかれば、自分たちのお客様はどういう「感情の変化」を求めて行動しているのかという「ライティングのゴール地点」についても理解が深まります。そして、まだ行動をしていない他の人に対しても「同じ経験をしませんか」という提案をすることができるようになるのです。

ただし、必要なのはあくまで「**買う前の期待**」です。もちろん、実際に購入して使用してみたら「意外なメリットがあった」という話があってもよいのですが、そもそも「売るための文章」を書くための材料になるのは「**購入を決断する瞬間に何があったのか**」のほうです。手に取ることができる有形商材であっても、目に見えない無形商材であっても、**購入の決断をするのは、実際の効果効能を実感する前**なのですから、「商品やサービスに満足してインタビューに答えている今」思っていることではなく、「**商品やサービスを購入する前**」に思い描いていた理想の姿がどんなものなのかを解明する必要があるという点には、注意しておきましょう。

**あなた**　このサービスに申し込んだときに、期待していた未来って、どんな感じでしたか？例えば、「こんな場面でこんな風に振る舞えたら最高！」とか、「こうなれたらいいな」って思っておられたイメージって、何かありますでしょうか？

**お客様**　私の場合は、英語圏で開催されるセミナーに通訳なしで参加してみたい、セミナー途中のグループワークとか、お隣の人とのシェアタイムとか、セミナー後のパーティでの雑談をスムーズに乗り切れたらいいなという野望を持っていました。

**あなた**　いいですね！　ワークやシェアができて、雑談も楽しめると、どんな気分だと思いますか？

**お客様**　うーん、ストレスがない。

**あなた**　というと？　ストレスがないと、結果、どんなところがよいですか？

**お客様**　ちゃんとコミュニケーションが取れるというか。表面的なやり取りで誤魔化すんじゃなくて、もっと本質的な会話がしたいんですよ。その人が何を大事にしていて、何に興味を持っていて、本当はどういう人なのかを知りたい。その場限りじゃなくて、今後も友達付き合いができる関係性が作れるような突っ込んだ会話ができるといいな、って。

**あなた**　なるほど。もっと突っ込んだ会話がしたい？

**お客様**　そうなんです。まったく同じレベルで話せるようになるとまでは思っていないけど、日本語のセミナーで、楽しく会話して友達が増えていくのと同じ感じにしたい。それが、ストレスがないって感覚ですね。

**あなた**　他にも、日本で普通にやっていることで、英語でもやってみたいことってありますか？

**お客様**　ありますね。あわよくば、英語で仕事をしてみたいとか、海外の大学に留学してみたいとか。この歳でって思わなくもないんですが、人生まだ長いですしね。今は、もうちょっと欲が出てきて、もっと高い目標を目指してみてもいいんじゃないかと。

## ◆何を大切にしているのかを解明する

お客様にとって、あなたの商品やサービスは「何か」を叶えるための手段にすぎないならば、そもそも、その「何か」を明確にしておく必要があるのは当然です。いったい何を目的にしているのか、何を目指しているのかがわからないままでは、最終的に何を伝えれば行動したくなるのかもわかりませんよね。だからこそ、お客様が手に入れたい「感情の変化」を可視化することが重要になるのです図1。

人間は一人一人「何に価値を感じるのか、何を大切にしているのか」が異なっています。つまり、「英語を勉強する」という表面上の行動はまったく同じであっても、いったい何が動機になっているのかは、それぞれの人で微妙に異なるわけです。そして、そのモチベーションの源泉となっているのが、その人自身の「価値観」です。

行動するかどうかを無意識に決めているのは、その人が人生において大切にしているものに合致するかどうかであるとするなら、その本人もまだ気づいていない判断基準が解明できれば、一気に文章が書きやすくなります。「日頃からこういうことを大切に思っている人が、こういう感情を求めて買っている商品なんだ」とわかっていれば、何をどんな順番で説明していけばいいのかは、ほぼ自動的に決まると言っても過言ではないからです。

**図1 お客様が手に入れたい「感情の変化」を可視化する**

例えば「筋トレ」によって叶えたい理想の状態が、みんな同じとは限らない

## 売れる筋を見つけたい

せっかく「お金を出して購入してくれた既存客」の話を聞く機会を持てたなら、顧客インタビューの最後には、どうすれば売れるのかを、なんとなくでもイメージして終わりたいところです。例えとしては不適切かもしれませんが、お客様の話をていねいに聞いていく作業は、未知の動物の生態観察に似ています。その動物がどこに生息していて、いつどんな活動をしていて、どんなものを好み、どんなものには反応しないのかといった話を聞けば聞くほど、その動物に固有の行動パターンが浮き彫りになり、「こういう場所でこういう食べ物を用意して待ち構えていれば、近づいてきてくれる可能性が高そうだ」という予想がつきやすくなるはずですよね。つまり、「自社商品やサービスについて聞く」のではなく、「自社のお客様について詳しくなる」という

目的での顧客インタビューができたなら、「うちのお客様特有のパターン」や「うちの商品やサービスをこの人に売るならば、きっとこういう流れを作れば一番よい反応が得られるはずだ」という「売れる筋」のようなものがおぼろげながら見えてくるはずです。もし、何か仮説を思いついたなら、ぜひその場で聞いて確かめてみましょう。また、お客様の言葉で「今後の見通し」を語っていただければ、さらに豊かな情景が浮かびやすくなります。「どんな人におすすめなのか」を聞くことで、新しいアイデアをいただけることも多いでしょう。つまり、最終的には「こうすれば売れる」という確信につながる情報を集めるところが、顧客インタビューのゴールなのです。

Key Point

**うちのお客様の独自傾向がつかめれば、何をどう打ち出していけばよいのかがわかる。**

Quest

# 4

# 集めた「原石」を磨くには？

01

# うまく加工しなければ、宝の持ち腐れになる

磨かれる前の「宝石」が「ただの石」に見えるのと同様、インタビューで集めた「お客様の声」も磨き上げてはじめて真価を発揮します。

## 「お客様の声」を前に立ち尽くす

せっかく集めた「お客様の声」も適切な下処理をして、うまく加工していかなければ、その「本当の価値」はわかりにくいものです。

どんなに「お客様の声こそが、売れる文章の主たる材料だ」と言われても、多くの方は、いったいどこからどう手をつけていいのかわからず、せいぜい「こういうお声をいただきました」と事例紹介に使う程度。ぎっしりと感想が書かれたハガキを大量に持っていても、ホコリを被ったまま放置している会社がたくさんあるように、せっかくの顧客インタビューも、使い方がわからなければ、宝の持ち腐れです。それどころか、顧客の声を聞いても意味がなかった、という本末転倒な結論を導きかねません。

もちろん、単に「お客様の声」をざっと見ているだけでも、気づきはたくさん得られます。「自分たちの商品やサービスは、こんな風に役立っているんだ」とうれしくなるようなコメントもあるでしょうし、「この感動的な声を他の人に見せたら、きっと全員が欲しくなってしまうに違いない」と思えるような素敵なフレーズも見つけられることでしょう。

けれど、せっかく集めた「お客様の声」は、客観的に何が「売り」になっているのかを見つけ出すための資料として、もっとも重要な役割を果たすのです。

## お客様は、意外な部分を評価している

残念ながら、「売り手が伝えたい情報」と「お客様が欲しい情報」はまったく違っています。

そのため、「売り手がよかれと思って伝えている情報」には誰も興味を持っておらず、逆に、「普通の人が行動するのに最低限必要な内容」はまったく書かれていない場合が大半です。試しに「あなたがお客様に伝えたいと思っている内容」を箇条書きにしてみてください。そして、次に「お客様が常日頃から興味を持っていて、知りたいと思っている情報」を別の箇条書きにしてみると、あまりの違いに愕然とするはずです。

おそらく、その道の専門家であるあなたにとって、「お客様が知りたいと考えている情報」は安易で都合のよい話ばかりではないでしょうか。表層的なばかりでなく、場合によっては害になるような内容も混じっているので、苦々しく思うかもしれません。一方で「あなたが伝えようとしている話」は、より本質的で根本解決につながる良質な情報だと自負している内容でしょう。だからこそ、さっぱり聞き入れられないことに、もどかしさを感じるわけですが、逆に、**自分がお客様の立場で、商品やサービスを購入するときのこと**を考えてみてください。経験や知識が少ないジャンルであるほど「誰でも簡単に短時間で、楽に確実な結果が出せる」といった胡散臭い話のほうが、魅力的に思えるものですよね。

人間は、元来、怠け者で、自分にとって都合のよい話だけに耳を傾けます。ダイエットなら「摂取カロリーを減らして、運動すれば痩せる」という当たり前の話には魅力を感じず、「何の我慢も努力もせずに、短期間で簡単に痩せられる方法」に思わず引きつけられます。ビジネスであれば「何もしなくても自然とファンが集まり、永久に売れ続ける自動販売機のような仕組み」が欲しいと願ってしまうものなのです。

そして、そのように**「お客様の頭の中」と「自分の考えている内容」が大きく違っている**ならば、多くの場合、「あなたが特徴だと思っている要素」はまったく響いておらず、「あなたにとっては当たり前で、取るに足りないくだらない部分や気にもとめていないところ」こそが、お客様が評価してくださっているポイントになっているのも、至極当たり前のことだといえるでしょう 図1 。

つまり、売るためにもっとも重要な「なぜ、あえて他ではなく、うちが選ばれているのか」という特徴を自分で考えて書こうとすれば、必ずといっていいほど間違うのです。自分の考えの枠外にある

**図1　売り手の考えている内容と、お客様の頭の中は大きく違う**

ものだからこそ、自分の思考を徹底的に排除し、「お客様の声」という客観的な資料をもとに組み立てることが重要になります。

## 他との違いは、相対的

他の商品やサービスとの「違い」とは、いつでも変わらない「絶対的なもの」ではありません。まったく同じ商品やサービスであっても、どこがよいと評価するかは、人によって違ってくるものです。けれど、完全にバラバラなわけではないのです。「うちのお客様」に限っていえば、何を重視して選んでいるかは、怖いくらいに一致します。なぜなら、どこに「他との違い」を感じるかは、その商品やサービスにたどり着くまでのバックグラウンド、これまでにどんな他社商品を遍歴してきたのかに依存しているからです。

例えば、ダイエットをするときに、サプリメントを試した経験のある人がいるとしましょう。その人が、サプリメントとは違うダイエットの方法を評価するとしたら、過去のダイエット・サプリの経験と比較して、良し悪しを判断するのが自然です。運動で痩せようとした経験があるなら運動と比べ、食事制限をしたことがあるなら、そのときの経験を無意識的に参照するといった具合に、私たちは、常に過去の経験をもとに、相対的に何がよいのかを判断しています。

逆に言えば、自社に集まっている顧客が「同じ特徴に引きつけられた」理由は、過去に同じ「嫌な経験」をしているからこそ。「これまで試したあの方法で、うまくいかなかった部分が解消されているなら、今度こそ欲しい結果が得られるかもしれない」という期待を持ったから、同じ商品やサービスを選んでいるのです。そのため、複数の「お客様の声」の共通点を抽出できれば、商品やサービスをもっとも魅力的に見せるポイントを確実に見つけ出すことができます。もっともアピールすべき長所や特徴は、他でもない「うちのお客様の声」の中に眠っているのです。

Key Point

**「お客様の声」は、何が「売り」になっているのかを客観的に見つけ出すための材料になる。**

# 02 磨けば光る原石を探し出すには

「うちのお客様」たちが共通して評価しているポイントを見極めるには、慣れ親しんできた発想を一度捨てていただく必要があります。

## 見たいものしか見えない先入観の罠

雑多なお客様の声の中から、磨けばキラリと光るはずの宝の「原石」を見つけ出すのが、売れる文章の「材料」を探す第一歩。けれど、やみくもに何かを探そうとしても、失敗します。なぜなら、たいていの人は「お客様の声」を読むときに、「自分が見たい部分しか見えない」という罠に陥ってしまうからです。

例えば、自分では「この商品にはAという特徴がある」と思っていると、その事実を裏づけるような声ばかりが見え、他は目に入らなくなります。「うちのお客様はBという属性の人が多い」と思っていれば、そういうお客様ばかり目につくのです。

けれど、これでは自分の固定観念の枠から出るどころか、かえって、思い込みを強化してしまいかねませんよね。そこで、知らず知らずのうちに自分が持っているレッテルを完全に捨てて、まったく整理できていないカオス状態から、新しい枠組みを見つけ出していく方法を知っている必要があります。これまでと違ったやり方をしてこそ、一味違った結果を手に入れられるのです。

## 分類を保留にしたまま進められるか

自分の固定観念を捨てて、純粋に「お客様の声」を見るという感覚は、例えるならゴミの分類をゼロベースで考えるようなものです。多種多様な物が含まれているゴミの山を見て、それらの中に何らかの共通点を見つけ出す必要があるときに、すでにある「燃えるゴミ」や「燃えないゴミ」「ビン・カン」といった分類に則って見ている状態は、先入観に囚われている状態といえます。

既存の分類を使おうとすると、「これは燃えるゴミかな？　いや、どっちにも入れられそうだけど、どうしよう」と分類し切れないものが出てきたり、逆に「どのゴミ箱にも分類できないから『その他』という分類を作って誤魔化そう」といったことになったり、どこかで無理が出てくるもの。つまり、はじめから既成の「ゴミ箱」を用意し、「これは燃える、これは燃えない」などと、自分が知っている方法で分類し始めてしまうと、かえって本当の共通点が見えなくなってしまうのです。

本当の傾向を正しく分析したいならば、今の状況に最適なまったく違う分類ができないかをゼロベースで検討し直すことが必要です。いったん既存の分別の概念を捨て去り、純粋に一つ一つのゴミだけを順番に見ていくと、どこかのタイミングで、**何らかの共通点に気づく瞬間があるでしょう。**でも、その時点ではまだ「その共通点」を軸に分類するのが適切なのかどうかは確定できません。なにしろ、次のゴミを手に取った瞬間に、やっぱり違う分類のほうがよさそうだと思い直す可能性があるからです。

仕分け方の可能性は無限大にあります。うっかり「はじめに見つけた共通点」にこだわりすぎると、次からは、そのグループに入れられるかどうかという目線でしか考えられなくなってしまい、すべての判断が歪んでしまいかねません。もしかすると、素材が似ているのではなく、色や重さが近いといった場合もありますし、外見上の特徴ではなく、用途や使用者、もしくは使用年数で分類するほうが、しっくりくるかもしれないのです。だからこそ、まずは、**あえて分類をしようとせず、**最終決定を保留したまま、ずっと試行錯誤をしていく居心地の悪い状況に慣れることが大切です。

## 「宝石」の輪郭は少しずつ見えてくる

「すべてがうまく説明できるまったく新しい分類」を見つけ出す最初の手がかりになるのは、**「共通する単語」**です。すでに、インタビューやレビューなどで集めた「お客様の声」をざっと眺めただけでも「似たような話」や「同じ単語」が頻出していることに気づいているのではないでしょうか。はじめは偶然の一致に過ぎないだろうと見過ごしていても、数が増えれば**「うちのお客様に特有の何**

か」が存在することは明白です。けれど、単に「共通する単語」を集めるだけでは「売れる文章」にはならないため、話はそう単純ではありません。

というのも、多くのお客様が共通して使う言葉ほど、個別具体的な事例を離れた単語になっているため、「その商品やサービスにのみに当てはまる特別な言葉」ではないのは当然です。例えば「かわいい」とか「親しみやすい」とか「元気になれる」といった、何を形容するにも使えるような一般的な言葉では「**他の商品やサービスとどこが違っていて何がよいのか**」を説明できないので、そのままでは使いようがありません。そのため、ＡＩのワードクラウドのように機械的に頻出単語を調べることと自体には、あまり意味がないのです。

ただ、だからといって「共通する単語」自体に意味がないわけではありません。なぜなら、同じ単語を使っていたとしても、**「その単語をどういう意味で使っているか」**は人によって大きく違っているからです。

もし「共通する言葉」が見つかったとしても、「自分が考えている意味と同じ意味であるに違いない」と勝手に思い込むことほど危険なことはありません 図1。実際、「多くの人が共通して使う抽象度の高い単語」ほど、いろいろな意味で使われる可能性が高く、解釈間違いのリスクは高まりますから、どうにかして「うちのお客様たちは、その単語をどんな意味で使っているのか」をあぶり出していかなければ、本当に理解できたことにはなりません。

けれど幸いにも、すべての言葉は「文脈」の中で使われるので、「その周囲でいっしょに使われている言葉」が、**「その単語の本当の意味」**を示唆してくれています。つまり、「共通する単語」が含ま

図1 同じ言葉でも、同じ意味で使っているとは限らない



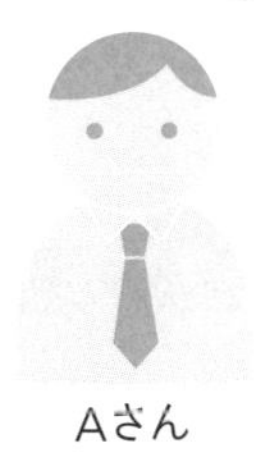

れている声をたくさん集めてきたら、その「共通する単語」以外の部分に書かれている内容に着目すればよいのです。

「いろいろなお客様が、まったく別のことを言っている」のではなく、「すべてのお客様」が「同じポイントを別の表現で評価している」と捉え、それらの関連性を見ていけば、次第に「うちのお客様はその言葉を使って何を伝えようとしているのか」が、くっきり浮かび上がってきます。「共通する単語」は、それ自体は宝石ではなくとも、先入観を排して「お客様の声」の内容を正確に評価していくために、欠かすことができない重要な役割を果たすのです。

## 恣意を入れずに並べ替えるには

いっけんバラバラなことを言っているように見える雑多な「お客様の声」の中から、効率よく「本当は何が評価されているのか」を探し出すには、まずは物理

図2 さしあたり軽い感覚で分類していく

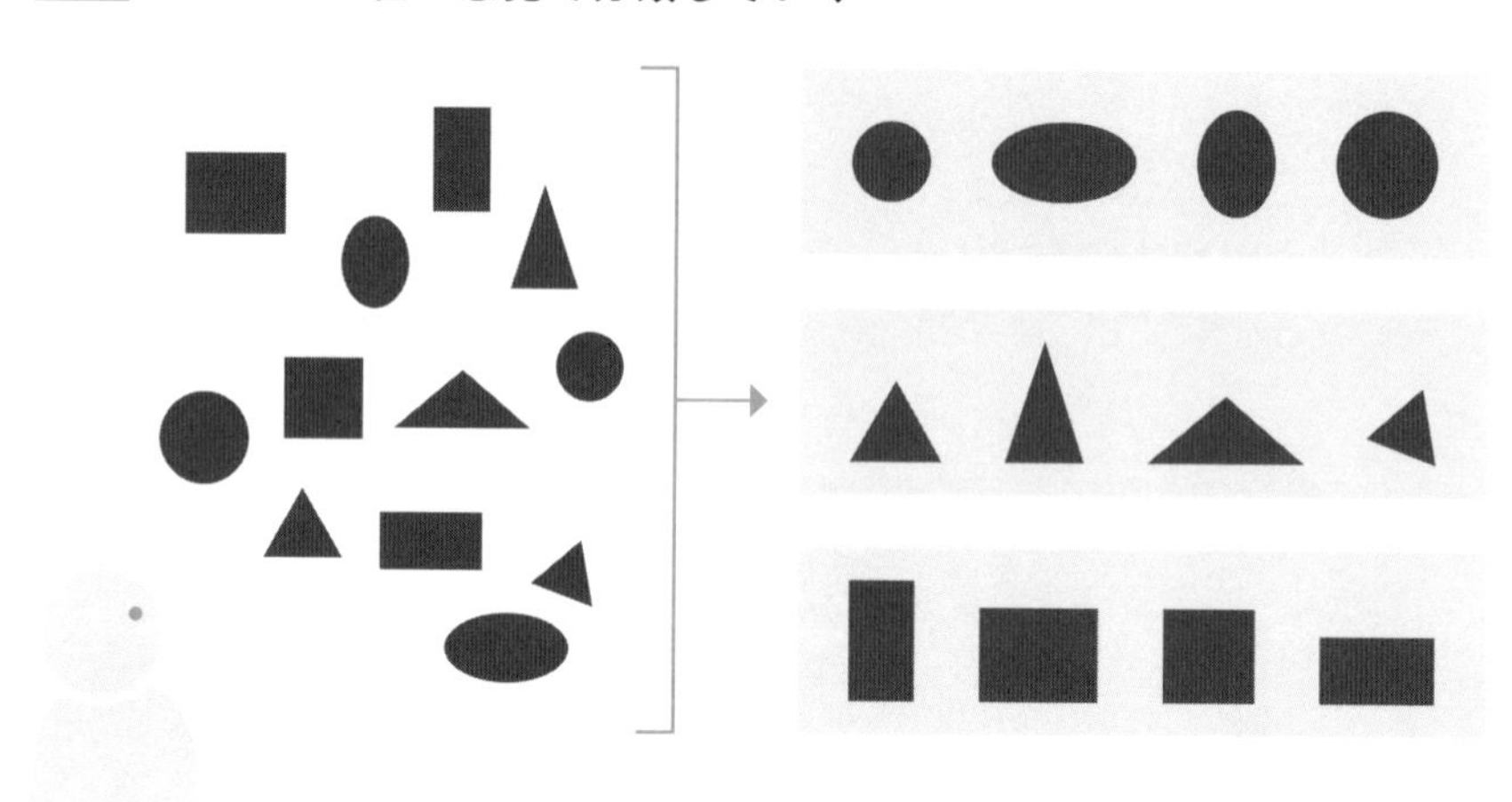

的に並べ替えていく作業をするのが近道になります。

部屋の床に種類も大きさもバラバラのおもちゃが大量に散乱している様子を思い浮かべてみてください。はじめのうちは、どんなものがどれくらい落ちているのか見当がつかない状態でも、手近なところから分類していけば、少しずつ整理されていきますよね。「とりあえず、レゴブロックだけこっちに持って来よう」とか「本はこっち、ミニカーはこっちだな」などと、自分なりに似たものを集めていくと、次第に全体像が見えてきます。

もちろん、途中で「カード類はひとまとめの分類にしていたけれど、これとこれは用途が違うから、別にしたほうがいいな」とか「形も大きさもまったく違うけれど、これとこれは同じ種類だから、いっしょにしておくべきだな」と、分類の基準が変わってくることもあるはずです。とりあえず似たようなものを集めていくところから始めているだけですから、本当にそれが正しい分類になっているかどうかなど、最初のうちはわかるわけがありません。けれど、はじめに立てた仮説が違っていたとしても、まずは「最初の一歩」を踏み出してみなければ、全体の解明に近づくことはありません。何度でもやり直すつもりで、さしあたって手近にあるいくつかのおもちゃを見比べて**「これとこれは似ている気がする」という軽い感覚で、仮に分類していきましょう** 図2 。

近いものは近くに、遠いものは遠くにと物理的に並べ替える作業を行っていくと、次第に「ほぼ同じ単語を使っている部分があるけれど、それ以外の部分ではまったく別のことが書かれているように見える声」が集まったグループができてきます。すると、「重複単語の周囲の部分にある情報」によって、**「重複して使われている単語」**の真の意味が、少しずつわかるようになっていくのです。

## 急がば回れ

多くの方にとって、それぞれの言葉の関連性を探っていくこのような作業は、あまり心地のよいものではないかもしれません。「物理的に並べ替える」という単純作業を続けているだけでは、なかなか分類整理できている気もしませんし、何をやっているのかよくわからないカオス状態がずっと続くように感じがちだからです。けれど、「自分自身の勝手な思い込みフレーム」を使わない状態で試行錯誤をするからこそ、最終的には「おもちゃの主」が持っている枠組みがくっきりと見えてくるもの。自分とは違う人の頭の中を理解するには、いったんは、自分で考えるという発想を放棄していただく必要があるといえます。

ここで大切なのは、床に転がっているおもちゃの種類や量は、家ごとに、まったく違っている可能性がある、ということです。例えば、「よその家は普通はこうだ」とか「自分は昔、こういうおもちゃで遊ぶのが好きで、この種類のおもちゃをたくさん持っていたけれど、こういう類のものは少なかった」とか「自分はこの色が好き」といった個人的な想いや経験、感情は、いっさい役に立ちません。どんなおもちゃが、どれくらいずつあるのかには個性があって、一律であるはずがありませんよね。一般的に「こういう分類にするのが正しい」と思われているような基準すらも、当てはまらない可能性が高いのです。

そのため、はじめは、何をやっているのか、まったくわからなくてよいのです。理解しようとすれば、自分自身の価値観に汚染された結果にしかなりませんが、ただ「同じ単語」に着目して並べ替えていくだけであれば、余計な思考や感情が混じりこむ余地はありません。騙されたと思って、これから説明していく作業を実際に手を動かしてやってみてください。きっと新しい発見があるはずです。

Key Point

**最大のコツは、枠を決めないこと。これまでの分類・整理の枠を捨ててみよう。**

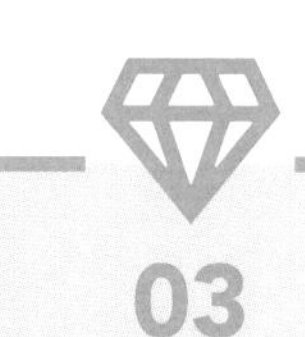

# 03 試行錯誤の土台を作る

「お客様の声」の共通点を抽出していく作業を手際よく進めるには、コツがあります。騙されたと思って、一度試してみましょう。

## テキストの装飾ができないツールで作業する

ここからの作業は、シンプルな「テキストエディタ（メモ帳など文字だけを打ち込めるソフトやアプリ）」で作業していきます。何を使っても、それほど違いはないだろうと思われるでしょうが、これまでに筆者が主催する講座などで多くの方にやってみてもらう中で、フォントサイズや文字の太さといった文字の装飾が物理的にできないツールを使うほうが、本来必要な情報にしっかりと集中できる分、圧倒的にうまくいくことがわかっています。

なにしろ、今やろうとしているのは、あくまで仮置きからの試行錯誤なのです。下手に文字を大きくしたり、色を変えたりすると、さっと解体して再構築するのが難しくなったり、かえって本来注目すべき情報が目立たなくなったり、柔軟性や発展性が阻害されかねません。何より、テキストファイルのほうがサクサクと軽快に動くので、余計なストレスがなく、膨大なお客様の声を並べ替えていく作業に向いています。

ぜひ、「言葉」にしっかり着目することができるテキストエディタで挑戦してみてください。

## すべての素材を一つにまとめる

まずは、あらゆるお客様の声を一箇所に集めた「作業用のテキストファイル」を作り、お客様の声やレビューの一覧から、すべての内容をコピー&ペーストして、まとめていきます。「きれいに並べよう」とか「形式を揃えよう」といったことは、考えなくて大丈夫。誰に見せるわけでもない作業用のファイルです。見た目がまったく揃っていない状態でかまいません。ネット上のレビューやちょっとしたメモ書き、お客様との電話での一言など雑多なものも含め、入手できる声をひたすら一箇所に集めていきます 図1 。

手書きのハガキや画像になっているものも、自分で文字を入力してテキスト化したり、OCRなどの技術で機械的に文字情報として認識させたりすることで、パソコンで作業できるデータにしておきましょう。なお、「手書きの声を、どうやってテキスト化しよう」と調べ始めて沼にはまるくらいなら、多少時間がかかったとしても、手で入力していく方法をおすすめしています。というのも、数百

**図1**「お客様の声」をひたすら集めていく

座学形式のセミナーは多数あるが、
実際に作成した販促物や広告の添削をしてもらえるサービスは、ありそうでなかった。
ただのダメ出しだけでなく、代替の表現案をもらえるのが特に納得感があった。

うちの主力商品の売上低迷の原因がわからず悩んでおり、
ヒントが見つかればと申し込みました。
結果、こちらが思い込んでいた売りポイントとお客様の評価ポイントが
大きくズレていたことがわかり、
訴求方法の見直しや改善がスムーズに進みました！

より女性に響きやすいものにするためにプロの客観的なアドバイスがほしく、
新商品の企画開発段階から参加しました。
この講座に出会わなければ、実態とかけ離れた顧客像のままで
商品開発を進めてしまっていたかも…

自分は受講して大正解でした！
クライアントのみなさんにも結果を出してもらうために、
おすすめしています。

これまでのやり方に頭打ち感があり、現状を打破したかったのが参加の理由です。
どんな文章がうちのお客様に響くのか、どんなデザインがいいのか、
無駄にブレたり、悩んだりすることがなくなりました！

件くらいのハガキであれば、すべて打ち込んだとしても、そこまで時間はかかりませんし、その過程で、ざっと見ているだけでは気づかなかったリアルな情景や感動的な声に触れることができることを考えると、かけた時間以上に、たくさんの発見があるからです。

動画や音声は、情報の密度が低く扱いにくいので、あらかじめ文字起こしをして、余分な会話は削除した状態にしておくとよいでしょう。昨今は、動画や音声のファイルをアップロードすれば、AIが自動的にテキストに変換してくれるサービスもたくさんありますので、気軽に取り組むことができるはずです。もちろん、すべてを文字起こししなくても、インタビュー時に取ったメモを使うといったやり方もありますし、意味のある会話の部分だけ手動で入力しておくということもできます。いずれにせよ、すべてが文字情報で揃っている状態にしておくことが大切です。

なお、集めていく段階で、うっかり分類しながら貼りつけようなどと考え始めると、時間がいくらあっても足りません。この時点では、一つ一つの声を読み込んだりせずに、まずは、ひたすら一箇所に集めてくという単純作業に集中して、淡々と素材を揃えていきましょう。

## 作業自体にも意味がある

すべての声が一箇所に集まったら、ここからの作業は、慣れ親しんできたやり方に当てはめてしまわないように、よく注意していただく必要があります。特に、大量のデータを整理・分類した経験がある方にとっては、直感的に理解しがたい部分があるかもしれませんが、最終的に得たいアウトプットは、あなたなりの分析データではありません。むしろ、**あなた自身の観点を抜くためにやっているのです。**

例えばマインドマップに整理したり、表計算のソフトなどを使ってＫＪ法的な分類を試みたりすると、うまくいきません。というのも、自分なりに情報を階層的に表現してまとめたり、相互関係を可視化しようとする試みは、**情報の正確な理解の妨げになることが多い**からです。雑多なお客様の声を、勝手な解釈でグルーピングしていいなら、自分が思いつく限りの分類にしかならず、かえって真実が見えにくくなってしまいかねませんよね。まず行うべきは「お客様の頭の中がどのような構造になっているのか」を正確に把握することであり、あなた独自の連想を広げたり、アイデアを出したりするのは、それができた後の話でしょう。世の中には、さまざまな整理や分類の方法がありますが、表面的な手順としては変わらないように見えても、「たまたま似たような作業をしている」というだけで、脳内のプロセスがまったく違うのです。

また、ただ「最終的に得られた結果を眺める」のと「実際に手を動かして分類の作業をする」のとでは、顧客理解の深さがまったく変わってきます。顧客の声の並べ替えを進めていく過程で、ずっと「どれとどれが同じ話なのか」を考え続け、どうすれば一貫性のある分類になるのかを試行錯誤し続けることになるため、次第に「うちのお客様の頭の中」で行われているマッピング作業を追体験するような形になって、発想の仕方や言葉の選び方、方向性などが、自然にわかるようになってくるからです。現時点では、「分類した結果」に意味があるのではなく、物理的に「並べ替えていく」作業過程自体に意味があるといわれても、訳がわからないかもしれません。けれど、これまでとは違う目的で、違う方法を試そうとしているからこそ、これまでとは違った結果が得られます。宝探しの過程を楽しもうという気持ちで進めていけば、きっと顧客理解の解像度が変わっていくダイナミズムを感じていただけることでしょう。

Key Point

**一箇所にまとめることで、宝（＝売るための文章の原石）が見つけやすくなる。**

# 04 下処理をして、使いやすくする

「材料」を一箇所に集めたら、いきなり取り掛からずに、ちょっとした一手間をかけておくと、作業効率が向上します。

## 大絶賛の声だけにする

すべての声を1つのテキストファイルにまとめることができたら、集めた「材料」を扱いやすい形に整えていきます。調理する前にちょっとした下処理をするような感覚です。例えば、「お客様の声」の中には、好意的な評価だけでなく、批判的な意見も含まれていますよね。けれど、「売れる文章の材料」を集めたり、顧客特性を理解したりするためには、批判的な声は不要です 図1 。

なぜなら、一人一人が持っているニーズは多種多様。そのため、どんなに優れた商品やサービスでも、すべてのお客様を満足させることは不可能だからです。「とにかく安ければ安いほうがいい」と

**図1　大絶賛の部分だけを残す**

【お客様の声の例】

~~もっと具体例がたくさんあった方がよかったと思いますが、~~大満足です。今まで、どこから手をつけていいのかわからず放置していたのですが、このセミナーに参加して、やるべきことがハッキリしました。帰ってすぐにやってみます。今から結果が楽しみです。

この例では取り消し線のついている部分は削除する

思っている人もいれば、「何でも高いほうがいいに決まっている」という人もいるのですから、そもそも両立のしようがありません。つまり、本当に大切なのは、「すべての人のニーズに合わせようと考えること」ではなく、**「他よりも、うちの商品やサービスがよいと言ってくれる人を見極めること」**のほうなのです。

もちろん、お客様が商品購入時に見るレビューのような場所では、少しくらい「評価が低いレビュー」も含まれているほうが、より信憑性の高い情報に感じられるメリットもあるかもしれません。けれど、これから行う作業の目的は、あくまで「うちの商品やサービスの何が評価されているのか、どこが他と違っているのか」を探し当てることにあります。「中途半端な評価」の中に埋もれている宝石を探すよりも、「大絶賛の声」だけを集めた場所から見つけ出そうとするほうが簡単なのは当然ですよね。ですから、少なくとも、この作業用のファイルからは、「批判的な声」はもちろん「部分的に悪い内容が書かれている声」についても、「よい内容が書かれている箇所」だけを採用して、他の部分を消してしまいましょう。

## アナザー・ワールドの住人に惑わされない

ネガティブな声を削除することを躊躇される方もいらっしゃるかもしれませんが、そもそも「批判的な評価をする人たち」は、はじめから他社で他の商品を買ったほうが幸せだった人だといえます。そのような人たちのことを、私自身は「アナザー・ワールドの人」と呼んでいますが、「本来であれば接することがない別世界の人」が、何かの事故で間違って「こちら側の世界」に来てしまっただけなのであれば、速やかに「元の世界」に戻っていただいたほうが、お互いのためですよね。うっかり「アナザー・ワールドの人」の声に迎合しようとしてしまった結果、「似たようなクレーマー」をさらに引き寄せてしまったり、「本来のお客様」にそっぽを向かれてしまったりする結果になっては、目も当てられません。

それに、「不満足な声」を見続けるのは、精神衛生上もよくないものです。本当は「自社の商品やサービスを気に入ってくださっている方」が大勢いることがわかっていたとしても、辛辣な批判の声ほど、強烈に記憶に残ってしまうもの。たった一人の声であっても自信をなくしてしまうことは、よくある話です。けれど、当たり前の話ですが、お金を払ってくださるのは「今すでに満足してくださっているお客様」たちなのです。だとすれば、「既存のお客様たち」によりご満足いただくためにも、「これから気に入ってくださるだろう既存の優良顧客に近い方たち」に魅力的な見せ方をするためにも、ネガティブなコメントに振り回される必要はありません。

もし、どうしても気になるなら、対処できる内容が含まれている批判のみ、ポジティブな言い回しの改善案に形を変えた上で、別の場所に残すことにして、作業用のファイルからは削除してしまいましょう。原本は残っているのですから、安心して「大絶賛の声」だけの作業用ファイルを作ることができるはずです。

## 評価ポイント単位で分割する

もし「1つの声」の中に「複数の観点や感想が入っている」ものを見つけたら、それぞれを別の声として扱えるように分割していきましょう。例えば、「色に対する評価」と「形に対する評価」が同時に含まれている声は、2つの内容をそれぞれ別の声として扱うために、複製した上で、それぞれの不要な部分を消しておくのです。あらかじめ分割しておくと、この後の作業で「共通の単語」を鍵に並べ替えやすくなりますので、この下処理も大切なプロセスの一つになります（次ページ 図2）。

なお、「お客様の声」は、必ず「そのままの文章」で使わなければいけないと考えておられる方もいらっしゃるかもしれませんが、事例として使う場合であっても、その方の使った言葉や意味を変えない範囲で、読みやすく整理する作業は必要になります。例えば、文章の前後を入れ替えたほうがわかりやすいことはよくありますし、一文が長すぎて理解しづらい場合には、複数の文に分割した方が親切でしょう。あえて「読みにくく理解しづらい文章」をそのままの状態にしておかなければいけな

図2 複数の観点からの声は分割する

【お客様の声の例】

| | |
|---|---|
| 肌の変化 | とにかく肌が柔らかく<br>キメが整ってきたような感じです。 |
| 使用感／テクスチャー | のびがよく肌に<br>すーっと入っていきます。 |

い理由はないはずです。

ましてや「既存客と似たような価値観を持つ未来のお客様候補の方たちに、いったい何を言えば響くのかを探す」という内輪の作業では、もとの声をそのままの形で残すことにこだわる必要はありません。感想を提供してくださった方の真意をもっとも的確に表す形にすることこそが、原石を磨く作業の一つなのです。

## 一手間の積み重ねで変わる

このような下処理は、いっけん地味でつまらない作業のようですが、この段階で、ざっと全体の声を見ていること自体にも意味があります。ざっくりとであっても、どういった声が並んでいるのかが頭に入っていると、あとで分類作業を行うときに、よりスムーズに進めやすくなるからです。そのため、単純作業だからといって、一部を委任したりすることなく、売上に責任を持っている人自らが、この作業を行うことをおすすめしています。

現状認識が歪んでいては、戦略も戦術もすべてが狂ってしまいます。早ければ1時間ほど、遅くとも半日あれば、仕上がる程度の作業ですから、時間がない方でもぜひご自身で試してみてください。

これまでとは、まったく違う地平が拓けることは、過去に試した人たちが証明しています。

Key Point

**まずは、ざっと下処理を施して、宝の原石を少しずつ磨いていこう。**

# 05 共通する単語、同じ意味の言葉をあぶり出す

「大絶賛の声だけが集まったファイル」の下処理が終わったら、ここからは「共通点」を探していきます。

## まずは共通する単語に着目する

作業用の「お客様の声」のファイルができあがったら、その声を上からざっと眺めていきましょう。そして、「まったく同じ単語」が出てきたら、テキストファイル上で物理的に近い場所に移動していきます。ただ文字が並んでいるだけのテキストファイルになっていますから、傾向が変わる箇所には改行を入れておくと、どこからどこまでが同じグループになっているのかが、よりわかりやすくなります。つまり、ファイル上でここまでは似たような単語が含まれているグループ、ここからはまた別の系統という並びに変えていくのです 図1 。

**図1 共通する単語に着目する（例では下線の部分）**

【お客様の声の例】

ここまで何をしても**続かなかった**

食べずにやせた経験はあったけれど**続かない**

運動やウォーキングも**続かない**

たとえ10分だけでも、毎日だと**続けられない**

もっとも大切なのは、**あくまで「単語」を鍵にして並べ替えるという点です**。一般的には、このような仕分けをする場合には、それぞれの人が「書かれた文全体から受け取った印象」をもとにして「なんとなく似ているもの」をグループにしていくことになりますが、どのポイントを重要視するのかは、人それぞれ。感覚的な判断に頼っていては、結局、何が正解なのかわからないままです。けれど、**「共通する単語」のみに着目して**、「近いものを近くに、遠いものは遠くに並べ替える」だけの単純作業であれば、誰がやっても、グルーピングの結果は、そこまで大きく変わらないはずです。

はじめのうちは、何がなんだかよくわからないカオスな状態が続くため、これで進んでいるのか、これに本当に意味があるのかと不安になり、つい従来のやり方を頼りたくなってしまうかもしれません。けれど、「グループ分けしよう」という意図はいったん忘れて、単に「同じ単語を見つけるたびに、近くに動かしていく」こと自体に目的を定めて進めていただくと、これまで見逃していた頻出単語に驚くことになる場合もよくあります。いずれにせよ、いちいち考え込む必要はないのです。この混沌とした状況から、いち早く抜け出すためにも、同じ単語をキーにして並べ替えていくという一巡目の作業を、できるだけ短時間で終えてしまいましょう。

## 「同じ単語」の幅を広げる

「同じ単語」にのみ着目しながら、カット&ペーストを繰り返していると、次第に「まったく同じ単語ではないけれど、かなり近い意味で使われているのではないか思われる単語」にも気づくようになるはずです。もし、そのような単語が出てきたならば、意味の近接度合いに応じて、物理的に近くに並べ替えていきます。より近い意味の単語は近くに、少し遠い意味だと思われる単語は少しだけ遠くといった形で、ご自身の感覚に従って、グラデーションを描くように、並べ替えていくのです 図2 。

もちろん、この時点では、個人的な主観による推測に過ぎません。「やっぱり、これは違う話をしている声だ」と気づけば、また違うグループに移動させることになりますから、とりあえず仮に置いてみる感覚でよいのです。むしろ、「本当は違うかもしれない」という可能性を常に残しつつ、果敢にチャレンジし続けることが大切です。

一発で正解を導き出せるものではないからこそ、はじめのうちは、あまりこだわり過ぎずにサクサ

**図2　似た意味の単語に着目（例では下線の部分）**

【お客様の声の例】

- **齢だから**仕方ない、とか言いたくない！
- 簡単にやせられると謳っているのは、**若い子**だけでしょ。
- **40才を越えて**、昔より体重が落ちにくくなった気がする。
- 5kg落として、**あの頃の**自分に戻りたい。

クと並べ替えていき、何度でも柔軟に変えていくつもりでいるほうが、かえって恣意が入りにくくなります。素直に上からざっと読んでいき「同じ言葉」が出てきたり「評価ポイントが似ているな」というものがあったりしたら、とりあえず近い場所に移していくことだけに集中して、黙々とやっていきましょう。

この作業をすると、「うちの商品やサービスは、こういう点がもっとも評価されているんだ」ということが、文章量の違いとして視覚的にも明確に現れてきます。もし勝手な思い込みや先入観を持っていたとしても、物量として圧倒されれば、考えを変えざるを得ませんよね。

だからこそ、最も重要になるのは、分類基準を自分で考えてしまわないという点にあります。「共通する単語」をキーに単純作業をすることによって、自分たちが思い込んでしまっている既存の枠組みから、自由になることが大切なのです。

なお、どこのグループにも入らない声は、基本的に作ってはいけません。もし「その他」といったグループを作りたくなった場合には、自分自身で作った枠に分類しようとしていないかを疑ってみてください。

はじめのうちは単純なカット&ペーストの繰り返しに過ぎませんが、次第に既存のお客様にどのポイントが評価されているのかが、物理的な数として見えてくるので、進めるほどに楽しくなってくるはずです。

Key Point

**自分の頭で解釈せずに、単純に「同じ単語」を見つけていく。**

06

# パズルを解くように、特定していこう

「同じ単語」のグループがいくつかできてきたら、強引にグループの数を減らしていくことで、本当の意味がより明確になっていきます。

## もう一歩先の共通性を見つけ出そう

実際のライティングに使える「材料」を手に入れるという観点でいうなら、単に「同じ単語」や「似た意味の単語」を集めるだけでは、まだ足りません。もちろん「共通する単語」を鍵にグループ分けをするだけでも、これまでとはまったく違ったお客様目線での**「選ばれる理由」がおぼろげながらも見えてきているはず**ですが、残念ながら、現段階で見つけ出した「共通する単語」は、そのままでは「売るための文章」の作成に使うことができないからです。

というのも、この段階で「共通している単語」の多くは、うちの商品やサービスにだけ当てはまっている特徴を示しているものではなく、どんな商品やサービスにも当てはまるような一般的で当たり障りのない言葉だからです。

考えてみれば、それぞれ微妙に違った体験をしたはずのバラバラの人たちが書いた文章に、なぜ、まったく同じ単語が含まれているのかというと、個別の具体的な出来事を超えて広く当てはまるような一般化された言葉だからだといえます。例えば「かわいい」とか「優しい」とか「使いやすい」といった言葉は、幅広い意味を含有できるので、「うちのお客様たち」がどういうニュアンスで使っているのかは、わかりにくいものですよね。

「売るための文章」では、星の数ほどある似たような商品やサービスではなく、あえてうちを選ばなければいけない理由を、的確に説明する必要があります。他の商品やサービスにも当てはまるようなありきたりの特徴では、行動につなげられないからです。けれど、いっけん使い古された言葉であったとしても、「うちのお客様」がその単語を使うときには、特定の意味を持って使っているとしたらどうでしょうか。その単語を使って何を表現しようとしているのか、本当はどういう意味で使われているのかを解明できれば、自動的にお客様が他ではなくうちを選んでいる理由を説明できるはずです。

## 合体させれば、本当の意味がわかる

共通して使われている「抽象度の高い単語」の本当の意味を探るには、その単語の周囲にある言葉が大きなヒントになります。同じ文脈で同時に使われている単語は、当然、似た内容を示唆しているはずです。また、直接的にその単語の意味を補足説明している場合もあり得ます。そこで、これまでやってきたグルーピング作業をさらに強力に押し進めていくことで、「共通して使われている抽象度の高い単語」の意味をより具体的にはっきりさせていくという手段を取ります。

つまり、「このグループとこのグループは、同じことを言っているのかもしれない」と半ば強引にくっつけていこうとする中で、それぞれの言葉の関係性や意味を鮮明にしていくヒントを得ていくのです。というのも、ある言葉の裏に隠された意味は、その単語だけを見ていても、なかなかわからないものですが、もし「Aという単語」と「Bという単語」が限りなく近い意味であることがわかったなら、Aの周りにある説明は、Bの説明にもなっているはずですよね。つまり、Aの周囲だけを見ているだけではわからなかったAという単語の本当の意味が、Bという単語の周りにある説明と突き合わせることで、はじめてこういう意味だったんだとわかるようになるのです。

だからこそ、いくつかのグループに収束してきただけで分類し終わったと満足しないでください。「もう少しまとめることができるのではないか」という目線でぼんやり眺めていると「あれ？もしかすると、このグループとこのグループは近い内容かもしれない」ということに気づくことがあるはずです。もし、なんとなく二つのグループの内容が近そうな気がしたら、試しにグループごと近くに寄せたり、合成したりしてみましょう。

あまりにグループ数が多くて、それぞれが何を集めているのかがわかりにくければ、事前にそれぞれのグループに「○○系」といった簡単な見出しをつけておくと、よりスムーズに進められます。

図1 お客様の声の一例（ダイエット関連のサービス）

【お客様の声の例】

- **服**を**選ぶ**のが楽しくなった
- 明るい色を**選ぶ**ようになった
- **パーカー**の前を開けられるようになった
- 1〜2ヶ月で、**ズボン**に余裕が出てきたし、**鎖骨**も出てきたなぁって思う
- 伸びない細身の**デニム**を履きたい
- **顔**が小さくなった

## 似た意味の単語から芋づる式に集める

例えば、ダイエットに関わるサービスで、図1のようなお客様の声があったとします。

「服」という単語に着目すれば、「パーカー」や「ズボン」「伸びないデニム」など「服」という単語をより具体化した固有名詞や、「服」という言葉自体は省略されているものの服の色について語っている声も、同じグループに集めてくることができます。「服」という抽象度の高い言葉だけでは、どんなの服なのかがぼんやりしていますが、「パーカー」や「ズボン」という具体的な単語が出てくると、グッと目の前に画像としてイメージしやすくなり、さらに「伸びないデニム」というピンポイントな言葉が出てくると、お客様がどんな想いを込めて「服」という言葉を使っているのかが、伝わってきますよね。「伸びる服ではなく、伸びない服が着たい、前を閉めてお腹を隠すのではな

**図2 同じ意味をもつ言葉の範囲を広げていく**

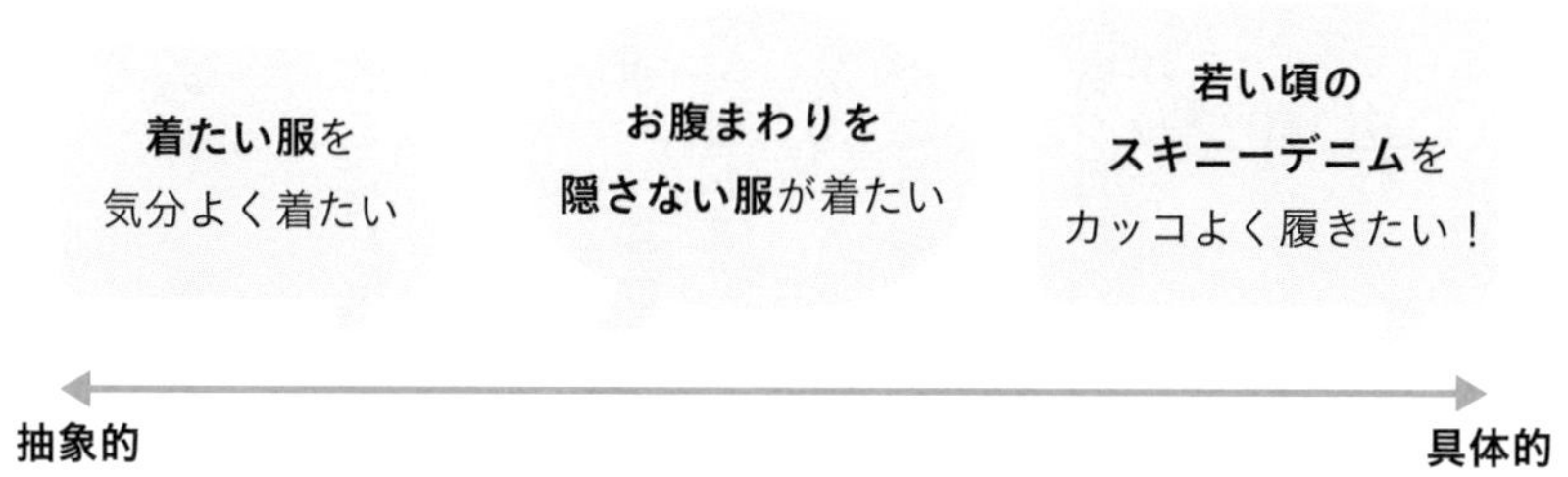

**着たい服**を
気分よく着たい

**お腹まわりを**
**隠さない服**が着たい

**若い頃の**
**スキニーデニム**を
カッコよく履きたい!

抽象的 ⟷ 具体的

く、暗い色の服で目立たないようにするのでもなく、堂々とパーカーの前を開けてかっこよく着こなしたい」というニュアンスが、「服」という言葉の裏に隠されているわけです 図2 。

その上で、同じグループに集まってきた声を改めて見ていくと、「服」にまつわる単語の周囲には「鎖骨が出てきた」という身体の見え方に関する単語が含まれていることから、もしかすると「顔が小さくなった」も似たような意味ではないかと予測できます。実際に、近くに置いて全体を眺めてみると、この例では、単に体重の数値が減ればいいわけではなく、小顔になったり、ウエストが絞れたり、鎖骨を見せたり、すっと細身のパンツがはけたりと、「着たい服を気分よく着られるようになる」ことが重要なんだなということがうかがえるわけです。

つまり、「別の表現になっていたとしても、結局は、これらはすべて同じことを言っているはずだ」という視点で捉えると、単体のお客様の声を見ているだけではわからなかった本当の意味を見つけることができるのです。

## 3つから5つのグループに収束させる

あえて「これとこれは、結局は同じことを言ってるんじゃないか？」という目で見ていくこのプロセスは、抽象度の高いごく一般的な言葉が、本当はどういう意味で使われているのかを見つけ出そうとすることにつながります。

もちろん、すぐに都合よく見つかるわけではありませんが「Aというグループと、Bというグループを合体させられる理屈はないか、いや、AとCなら合体できるのではないか」といった試行錯誤を繰り返していくと、「この声も同じグループに入ってきたとなれば、なるほど、こういう意味が込められて使われているんだ」ということがわかった瞬間、するするとパズルが解けるように全体像が見えてくる瞬間が訪れます。例えば、AとCを先に合体させることで、当初はAと関係ないと思われていたBも、結局、同じグループとして説明がつく、といった具合に、ドミノ倒しのように解明されていくのです 図3。

だからこそ、最初の分類で満足することなく、柔軟に何度も試してみる姿勢が大切なのです。

多くの場合、全体のグループの数が10から20くらいになったところから、やっぱり「これとこれは違うだろう」という感覚になって統合が進みにくくなってきます。けれど、すでにご説明した通り、「共通する単語」でのグルーピングは、次に行う作業の準備に過ぎません。そこからが本当に意味が

図3「抽象度の高い言葉」の意味は「他の声」が説明してくれる

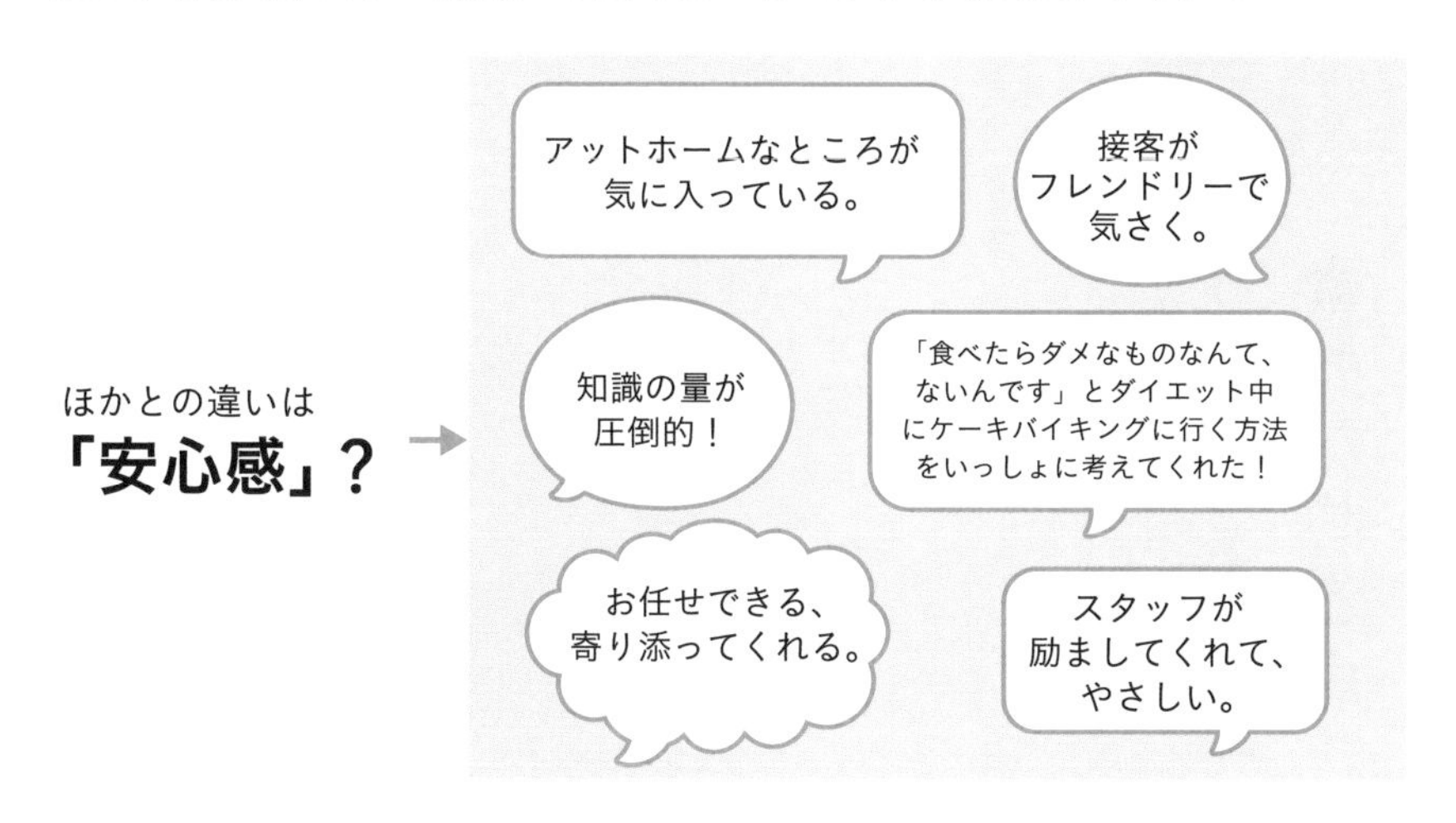


あるところなのです。最終的には、3つから5つのグループになるまで、強引に合体を試みていくことで、次第に、他の会社でも使えるような「抽象度の高い表現」が、**うち独自の魅力を表す**「具体的な表現」に翻訳され、実際に「売れる文章」を書いていくときに使える言葉が手に入ります。

もし、「これとこれとは、やっぱりちょっと違うし……」となかなか合体が進まないようであれば、ヘリコプターに乗って上空に舞い上がり、はるか上空からぼんやりと地上を見下ろしているような感覚で全体を眺めてみてください。もともと別の人が別のことを言っている声を大量に集めてきているのですから、近視眼的に一つ一つの声を細かく見すぎてしまうと、かえって共通点を見つけにくくなってしまいます。「雑に捉えれば、近いと言えるかもしれない」「強いて言えば、似ていると言えないこともない」という程度の一致度合いで、まったく問題ありません。「ちょっと近い気がするから、試しに近くに動かしておこう」「これとこれは極端に違う感じだから、もう少し遠くに移動しよう」といった感じで、速度重視でどんどんさばいていくほうがうまくいきます。なにしろ、大雑把に捉えるほうが、かえって傾向をつかみやすく「あれ？　これも同じようなこと言っているかも」というひらめきが起こりやすいのです。

そして、素早く、何度も組み替え直していくこのプロセスは、**「うちのお客様」**の頭の中では、「何が近くて何が遠くにマッピングされているのか」という「新しい枠組み」を探り当てることにつながっていきます。

Key Point

**グループ数を絞ることで、意外な共通点が浮かび上がってくる。**

07

# 見出しをつけると「選ばれる理由」になる

「売るための文章」では、競合他社の商品ではなく、なぜあえてこれを選ぶべきかという「選ばれる理由」が伝わらなければいけません。

## グループに見出しをつけてみる

最終的に、お客様の声を3つから5つのグループにまとめることができたなら、各グループには、すでに「どこが他と違っていて、なぜあえて選んだのか」という、お客様の目線から見た「選ばれた理由」が集まっています。ですから、それぞれのグループごとに、ごく短い見出しの文章をつけておくと、「うちの商品の魅力をもっとも的確に説明できる文章」として、各種販促物にそのまま使うことができて便利です。

いきなり「うちの商品やサービスの特徴」を3つか5つ書き出せと言われても、うまく答えられな

図1 グループピングしたものに見出しをつける

【グループ1】
**寝付きもよく、朝もスッキリ！**
苦手な早起きも難なく、できるようになったんです。
朝の目覚めがよくなり、日中もすっきりとした気分で過ごせるようになりました。
すごい不眠症でしたが、最近スッキリ爽快な朝を迎えています。
寝つきは、本当によくなっています。

【グループ2】
**疲れにくくなって、体が軽い！**
疲れにくくなってきたので、このまま継続したいと思っています。
体の調子がよくなり、子供と元気に動くことができるようになった気がします。
よく風邪をひいていたのが、全くひかなくなりました。
身体が軽く感じ、キツかった夜勤もやる気が出てきました！

いかもしれませんが、ここまでの作業が順調に進んでいれば、もう、それぞれのグループの見出しをつけるのに困ることはないでしょう。

なぜなら、すでにお客様の声の中に頻出する「単語」に着目して、単語同士の意味の近接度合いまで確かめているのです。単純な並べ替え作業をしているようで、頭の中に、自然と「それぞれのグループごとにどんな系統のものを集めているのか」という基準ができあがっています。あとは、それぞれのグループを代表するフレーズを、各グループのお客様の声の中から、上手に見つけ出してくるだけでいいのです 図1 。

## 他との違いに着目しよう

それぞれのグループの「見出し」にどの言葉を採用すればいいのか、どういう基準で選べばいいのかに迷ったら、「他社との違い」を意識してみましょう。

「うちのお客様は他とは違って何かいいと言ってくれ

**図2 見出しの言葉を選ぶときは、他社との違いを意識する**

【代謝が上がる系サプリメントの例】

**■ そのジャンルでは一般的な評価**
・「いつも元気だね」「パワフルだね」「若いよね」と言われます。
・「そういえば疲れなくなったな」と思うようになりました。

**■ 効果を自分の言葉で表現**
・身体のサイクルが、うまく回っているような感じ。
・疲れを溜めずに、毎日アクティブに生活できます。

**■ 他にはない特長の可能性がある表現**
・余計なところについていた肉が落ちはじめました。
・むくみにくい体になった気がします。
・不規則で便秘がちだった私の人生に、革命を起こしてくれました。

ているのか」「何を出せば、一番違いが際立つか」という目線で、そのグループを代表する言葉を見つけてくのです。というのも、他を選んでも変わらないならば、あえてうちを選ぶ理由がありません。せっかく「欲しい」という気持ちになった商品やサービスがあったとしても、違いがわかりにくければ、選べないのです。だからこそ、単純な頻出回数から考えるのではなく、「これは、よそには言えない」という言葉のほうを積極的に拾っていくことが大切です 図2。

ただし、どれだけ特徴を捉えているように思えても、「どこかで聞いたことがある言葉だ」という二番煎じ感が強すぎると、「またこれか」と細部を確認する前に離脱される原因になるので、要注意。お客様の目線から見たときに、どんな言葉であれば、もっと続きが読みたいと思えるかを、しっかりと考える必要があります。

## 言葉の組み合わせにも、細心の注意を

自分が普段から使っている表現と、お客様が自然に使っている言葉との間には、大きな隔たりがあります。そのため、見出しや説明の語句には、できるだけ「お客様の声」の中にあるフレーズをそのまま使うようにするようにすることが大切です。

言葉というものは、ほんの一部が変わっただけでも、大きくニュアンスが変わってしまい、警戒したり、共感できなかったりするものです。ちょっとした違いでも、大きな違和感につながりかねないため、たとえお客様が使っている言葉であっても、複数のものを集めて合成すると、うまく機能しない場合もあります。例えて言うなら、母国語ではない言語を話すときに、文法的には間違っていないにも関わらず、ネイティブは絶対に使わない不自然な表現になってしまうようなものです。そのため、単語の組み合わせにも、細心の注意を払う必要があります。できるだけ一部削除や順序の入れ替え程度に止め、元の単語の組み合わせを残すことを優先するほうが無難でしょう。

Key Point

**「お客様の声」を整理していくだけで、「選ばれる理由」が半自動的に見つかる。**

Quest

# 5

# 磨いた「宝石」の使いみち

01

# 書き始める前に「ライティングのゴール」を明確にする

実際に文章を書き始める前に、必ず考えておくべきこととは？まずは、つい忘れがちなポイントを押さえておきましょう。

## 「誰に」伝えるのかが第一歩

「セールス・コピーライティング」とは、その名の通り「売れる文章」を「書く」技術です。「セールス」という言葉に「無理に売りつける」「騙して行動させる」といったよくないイメージを持っている方もいらっしゃるかもしれませんが、もちろん「詐欺」や「押し売り」をしようというわけではありません。

むしろ、**「売れる文章」**とは「かけ橋」のようなもの。世の中には、星の数ほどたくさんの商品やサービスがあり、さまざまな人がいる中で、あえて他ではなく「これ」が欲しいといってくれる「ど真ん中のお客様」を見つけるのが先決です。そして、他でもない「この人」が納得できる説明をするからこそ、具体的な行動につながり、あなたの商品やサービスを届けることができます。

いったい「誰に」伝えたら、この「橋」をかけることになるのかは、顧客インタビューから共通点を抽出し、「材料」を磨く作業をしていただく中で、随分はっきりしてきたのではないでしょうか。

**「誰に」が明確になれば、「何を」伝えるべきなのかも、ある程度は決まってくるものです。**つまり、ここまでの作業で見つかった「選ばれる理由」をただ並べるだけでも、売れる文章にはなります。けれど、**素材の組み合わせ方を工夫し、「どのように」**伝えるかについても極めていくと、より伝わりやすい文章にすることができるのです。

## 「売れる文章」に必要な要素

「文章」で売りたいなら、まずは読み始めていただけないことには、何も始まりません。ヤールスコピーライティングの世界では、「読まない、信じない、行動しない」という「3つの壁（3つのNOT）」を越える必要があるといわれていますが、**一瞬で注目を集めて「読まない壁」を越える**ことができなければ、買うかどうかを検討する以前で終了し、他の文章はすべて無駄になってしまいます。

だからこそ、パッと見た瞬間にすぐ閉じられるような冒頭では駄目なのです。ひと目で「これは自分に関係のある話だ」「この先を読まないと損をするかもしれない」と感じさせることが、非常に重要になります。

どうにか続きを読んでもらえたなら、次に、読み続けるほどに「欲しい」気持ちになる文章が必要ですよね。どんどん前のめりになりながら読むうちに、自然と行動したくなるように書くことができれば成功です。もちろん、ただ一方的に説明するだけでは、「ずっと調子のよいことばかり言っているけれど、本当かな？」と疑われ、途中離脱されかねません。適宜、「証拠」となる要素を交えて、胡散臭さを払拭しながら話を進め、最終的には「これさえあれば、今抱えている問題がすっきり解決して、明るい未来を手に入れることができるかもしれない」と信じていただく必要があります。

また、一時的に「欲しい」気持ちが盛り上がったとしても、「買わない理由」は無数に存在します。そのため、「行動を引き止めるブレーキ」となっているすべての「言い訳」を消し去らなくては、お客様は購入できません。早い話が、「今すぐ行動する」以外の道を完全になくしてしまわなければいけないのです。けれど、難しく考える必要はありません。これらの文章を組み立てるために必要となるパーツは、すでに手元にあるからです。

## ライティングの「スタート地点」はすでに明確

多くの方は、まず何から書き始めればいいのか、冒頭のキャッチコピーでつまずきがちですが、途方に暮れそうになったら、ぜひ「お客様の声」に立ち戻ってみてください。きっと、そのままキャッチコピーに使えるような、キラリと光るフレーズがたくさんあるはずです。

また、お客様のイメージが具体的になっている今であれば、「〇〇〇に悩んでいませんか？」もしくは「○○な方におすすめです」といった箇条書きも、スラスラと書けるのではないでしょうか。実際、**「どんな状態にある人に向けて書くのか」**という「ライティングのスタート地点」が明確になっているなら、大きくはずれた文章になることはありません。

ただし、ここでうっかり雛形やテンプレートに頼ろうとすると、「相手が見えない状態」に逆戻りしかねないため、よく注意しておく必要があります。下手に型にはめようとすれば、手段が目的化しかねず、中途半端な使い方をすると、かえって売れなくなってしまうからです。聞きかじっただけの「売れる型」よりも、**リアルなお客様のリアクションのほうが、信じるに値するはず**ですよね。盲目的に何かに頼ろうとするのではなく、ここまでの手順で集めたライティングの素材に、自信を持つことが大切です。**すべての答えは、お客様の言葉の中にあるのです**。友達同士でごく自然な会話をするとしたら、どんな風に話を進めていくかを考えてみましょう。もしくは、インタビュー相手を目の前に思い浮かべて、その人に話しかけるつもりで書くだけでも、グッとよい文章になるはずです。

## 「ゴール地点」の的確さが鍵を握る

セールスコピーライティングは、特定の「行動」を誘発するために書かれるものです。「最終的にこういう行動をして欲しい」というゴールが先に決まっていて、そのために**「何を」「どういう順で」伝えるかを「ゴール側から逆算」**して考えていきます（次ページ 図1）。ですから、ゴールとなる「行動」が明確でないと、うまく使うことができません。

図1 「売れる文章」の全体像

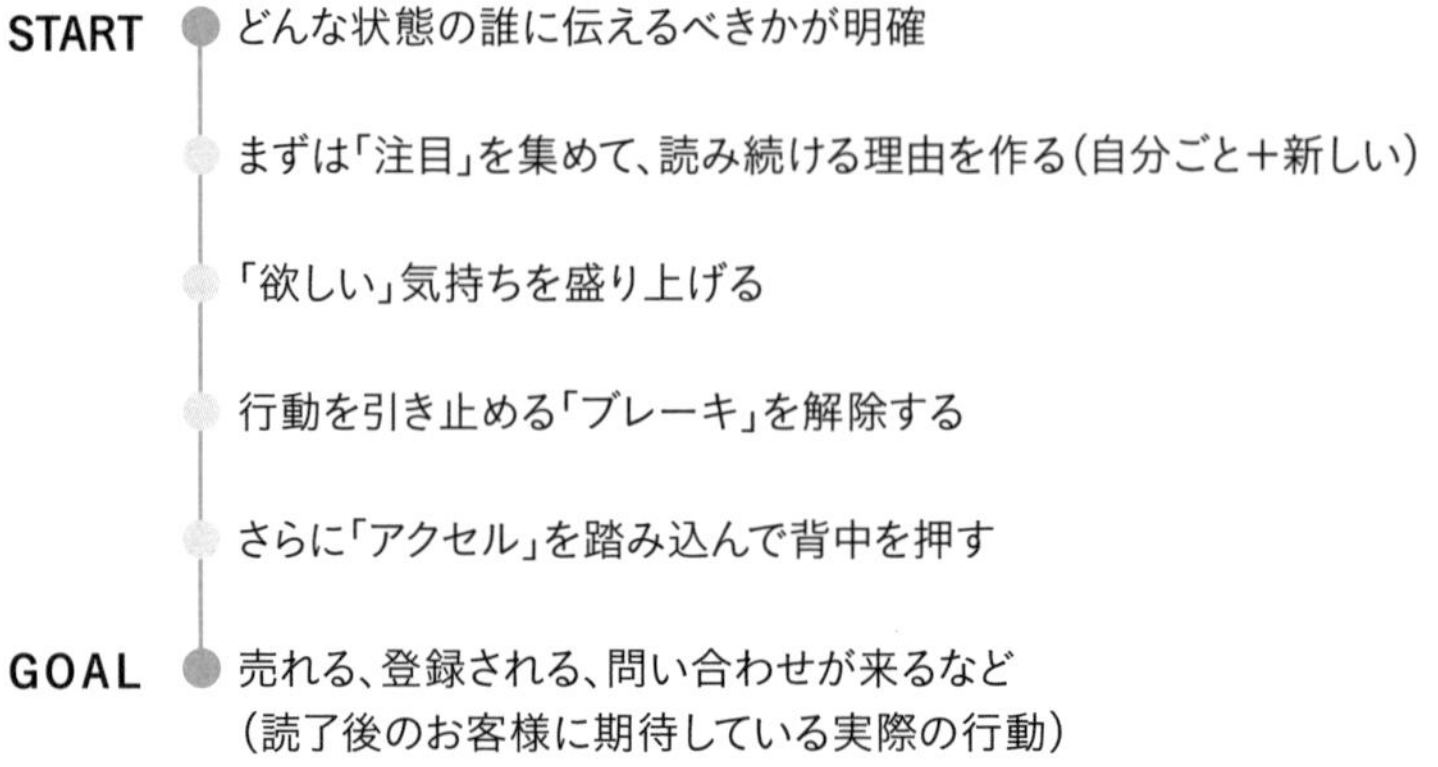

START どんな状態の誰に伝えるべきかが明確

まずは「注目」を集めて、読み続ける理由を作る（自分ごと＋新しい）

「欲しい」気持ちを盛り上げる

行動を引き止める「ブレーキ」を解除する

さらに「アクセル」を踏み込んで背中を押す

GOAL 売れる、登録される、問い合わせが来るなど
（読了後のお客様に期待している実際の行動）

具体的な「行動」を目指して書くから売れる

もちろん、究極のゴールは「買ってもらう」ことですが、例えば、ＳＮＳをフォローして欲しいのか、ＬＩＮＥやメルマガに登録して欲しいのか、資料を請求して欲しいのか、お試し購入してほしいのかなど、「この文章を読んだら、こういう行動をして欲しい」と期待している内容は、何を作ろうとしているかによって少しずつ違ってきますよね。そして、目指している「行動」が違えば、何をどう書けばいいのかも変わってきます。

【ゴールとなる行動の例】

■メルマガやLINEへの登録
■購入の申し込み
■申し込みフォームからの問い合わせ・資料請求
■電話での予約
■ＳＮＳのフォロー

「ゴールとなる行動」が漠然としている状態は、例えていうなら、行き先を決めずに飛行機に乗るようなものです。うっかり意識せずに書き始めれば、自分でもどこに向かおうとしているのかがわからなくなり、書いている途中で迷走してしまいかねません。だからこそ、「売るための文章」を書くときには、他でもない「この文章」「この販促物」を読んだ結果、具体的にどんな行動を取ってほしいかを明確にしておくことが大切です。

正しいゴールが設定できれば、うまく「かけ橋」をかけることができますが、あいまいなゴールを設定していることに気づかずに書き進めてしまうと、反応もあいまいなものになります。そのため、実際に書き始める前に、しっかり的確な「ゴール」を設定できているかを、必ず確認してください。

Key Point

**「ゴールの行動」が適切に設定できていれば、今あるパーツで「売れる文章」は組み立てられる。**

02

# 売れる文章を書くステップ1：冒頭で心をつかむ

文章の冒頭で読み手の視線を止める（キャッチする）のがキャッチコピーの役割。「思わず続きを読みたくなる」ものを選びましょう。

## イメージコピーはいらない

「お客様の声」の中には、そのまま他の人に見せるだけで、グッと興味を引きつけることができる珠玉のフレーズがたくさんあります。けれど、いざ選ぼうとすると、いったいどれが使える言葉で、どれがイマイチなものなのか、よくわからない方もいらっしゃるかもしれません。また、テレビや雑誌の広告を見慣れている人は、つい「ふんわりとした雰囲気のある詩的なフレーズ」や「思わず口ずさむことができるキャッチーな言葉」を思い浮かべがちですが、「売る」ために求められるのは、思わず「**続きを読ませる力**」があるかどうかという一点のみです。

ポスティング・チラシでも、Web広告やホームページでも、パッとひと目見ただけで即座にバツ印を押して閉じたり、ゴミ箱行きにしたりするかを判断するものですよね。だからこそ、「売るための文章」で使われるキャッチコピーの役割は、どうしても続きが気になって、そのまま通り過ぎることができない心理状態に持っていくことにあります。マス広告などで使わるようなイメージコピーとは、根本的に発想が異なるのです。

## キャッチコピーで売らない

「冒頭の一行」だけで売れるなら、「その先のすべての文章」は不要です。言葉を尽くしてしっかり説明しないと売れないからこそ、「続きの文章」が読みたくなるような始まり方にすべきなのです。いきなりキャッチコピーだけですべてを語ろうとしても、何の話が始まったのかわからず、かえって、続きを読もうという意欲を削いでしまいかねません。

インタビューをしたときの様子を思い出してみてください。「ちょうど探しているタイミングだった」なんて都合のよい状況は滅多になく、はじめは自分には関係ないと思っていたり、どうせ効果がないとあきらめていたり、他のものと変わらないと誤解していたり、今はまだいらないと思っているところから、グッと引き込まれていった経緯を聞くことができたのではないでしょうか。まだ問題が表面化する以前の「それほど深刻に悩んでいない」人に突然「こんな商品があるんです」と言っても、すぐに「いいえ、私は結構です」と断られて当然ですよね。

文章の冒頭では、まずは、「自分に関係ある話だ」と理解できるようにしないと、読み始めてはもらえません。また、これまでのものとは違った「新しさ」が感じられなければ、「最近よく見るけど、どうせ前に見たあれと同じでしょ?」とスルーされてしまいます。つまり、「お客様の声」の中からキャッチコピーを探すときには、競合商品との「違い」に着目しつつ、読んだ瞬間に「自分に関係がある」と感じられるような**「具体的な情景」**が浮かんでくる感情が動きやすいものを選ぶ必要があるのです。

## お客様の声をそのままキャッチコピーに

具体的には、お客様の声を並べ替えて整理していく作業をする際に、「これを読んだら、きっと他の人も欲しくなるに違いない」と思える声を見つけるたびに、文頭に★マークをつけておく方法がおすすめです。特にグッと引きつけられ、思わず続きが読みたくなるような声であれば、★の数を増やしておくと、さらに評価が明確になり、選びやすくなります。

ただし、あまりに文字数が多いものを採用すると、キャッチコピー自体を読んでもらうことが難しくなってしまいます。多くの人にとって、目線を動かすことなく読める文字数は、1行に13文字以内で3行以内が限界でしょう。そのため、できるだけ1行10文字以内・2行以内に収まるように整理できると、**「まったく読む気がなくても、パッと目に飛び込んできてしまう」**より効果的なキャッチコピーになるはずです 図1 。

**図1　目に飛び込むかどうかは、文字数や行数によって決まる**

> **軽いから、93歳の私でも、**
> **サッと毎日掃除できる**

2行で10文字だとグッと読みやすくなる

> **軽いから、93歳の私でも、**
> **サッと手を伸ばして、**
> **毎日掃除できるんです。**

3行13文字になってくると、がんばって読まないといけない雰囲気が出てくる

> **とても軽いから、93歳の私でも、**
> **サッと手を伸ばして、毎日のように掃除できるんですよ。**
> **しかも、とてもパワフルで、もう何年も気に入って使っています。**

それ以上の文字数になると、完全に文章として目線を横に移動して順番に読む必要が出てくるので、
忙しい人たちの目を止めるのは難しくなってくる。

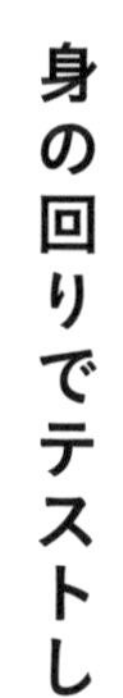

## 身の回りでテストしよう

どれだけ時間をかけて考えたとしても、結果がすべて。そのため、「そのままキャッチコピーに使えそうな候補」がいくつか見つかったなら、身の回りで「ABテスト」をして確かめておくと安心です。多くの人にとって、候補が大量に並んでいる中から、一番よいものを見つけ出すのは至難の業ですが、**2つの候補の中から、どちらかよいほうを選ぶだけなら、**かなり正確に当てることができます。そのため、実際に広告を回してテストをするよりも、まずは同僚や家族、友人などに「どちらが続きを読みたくなるか」を二択問題として、聞いてみればよいのです。

　おもしろいことに、「自分がベストだと思っていた案」は、「対抗馬にした案」にあっさり惨敗することが多く、いかに「自分以外の人に響く文章」を書くのが難しいかを、思い知らされることになるはずで

す。けれど、この方法の最大のポイントは、単なる数字ではなく、直接的な反応が得られることにあるのです。パッと見た瞬間に見せる相手の表情には「なぜ、これがダメで、こっちがいいのか」というヒントが溢れています。また、中には「なぜこちらを選んだのか、もう1つは何がダメなのか」を言語化できる方もいらっしゃるので、そのような意見を参考に、新たな仮説を立てることもできます。
生身の人間のリアクションを知る「ひと手間」をかけた上で試行錯誤をするのと、単にデータだけを眺めているのとでは、大きな差が生まれます。誰でもできる簡単なことを、確実に積み重ねることこそが、本当の実力の差を作っていくのです。

Key Point

**キャッチコピーは、お客様の声」の中から「自分ごと+新しさ」が感じられるものを探し出す。**

03

# 売れる文章を書くステップ2：「欲しい気持ち」を作り出す

いきなり売りつけられると迷惑でも、欲しいタイミングなら親切な提案です。では、どうすれば「欲しい」と思ってもらえるのでしょうか？

## 自分を説得できないと他人にも売れない

文章には「書き手の感情」が乗ります。「どう思って書いたのか」は、恐ろしいくらいに読み手に伝わるのです。例えば、「競合他社の商品やサービスの方が、本当は優れているんだけどな」と思ったまま書き始めると、自信のなさや余裕のなさが透けて見える、勢いのない文章になってしまいます。そもそも、自分すら説得できていない状態で、他の人に売ることなどできるわけがありません。

まずは、「自分がお客様の立場なら絶対に買いたい」と思えているかどうか、「本気で世界に広めたくなる素晴らしい商品だ」と確信できているかどうかを再確認しておきましょう。書き始める前に勝負は半ば決まってしまうからです。

けれど、難しく考える必要はありません。実は、これまでに説明してきた「お客様の声」の共通点を抽出していく方法は、この点にこそ、もっとも効果を発揮するからです。「大絶賛の声」をもとにしている以上、**ただ読んでいるだけでもワクワク楽しくなってくる**のはもちろんですが、「お客様の声」を整理分類するプロセスを通して、この商品やサービスが「どれだけ喜ばれているのか」「いかに素晴らしいものなのか」についても体感的に理解できるようになっているので、自信を持って堂々と提案できますよね。

また、「どんな人がお客様なのか」がわかってくるほど、「こういう人に届ければ、大絶賛されるんだ」と納得がいき、「どんな点を評価してくださっているのか」が理解できれば、たとえ自分に必要がない商品やサービスであっても、「自分が同じ立場であれば、やっぱり同じ行動をするだろう」と思えて、自然と言葉にも力がこもってきます。要するに、**「どうしても伝えたい」**という気持ちになれたなら、それだけで売れる可能性は飛躍的に高まるのです。もし、そこまでの気持ちになれないならば、もう一度、お客様の声を読み込んでみてください。「他ではなく、これでなくては絶対にダメだ」というお客様がこんなにたくさんいる、という確信こそが、ライティングの土台となるはずです。

## 「お客様の声」で説明しよう

商品やサービスの説明文を作るのに苦労しているなら、いったん「すべての説明」を「お客様の

図1 「選ばれる理由」を「お客様の声」で表現する

| お客様の声 | 訴求できるポイント |
|---|---|
| 「肌触りがとてもよかったです。やわらかさと吸水性にビックリ。」<br>「安物や貰い物とは比べ物になりません。思わずホッペタをスリスリして触感を楽しんでしまいました。」 | 肌触りのよさ |
| 「しっかり目の詰まった、とてもよい生地だと思います。ふだん使いでよいものを使うと気分がいいですね。」<br>「積んであるタオルの中から、ついこれを選んでいます！」 | 品質の高さ |

声」だけで構築することを考えてみましょう。なにしろ、「実際に使って、どういう気持ちになったのか」を伝えている既存客の言葉は、自然と感動が伝染する「売れる表現」になっていることが多いのです。そのため、単にキャッチコピーとして使えるだけでなく、「お客様の声」から抜粋した言葉をそのまま使って説明するほうが、かえって魅力が伝わりやすい、親切な表現になります。なかでも、最もシンプルで簡単なやり方は、「選ばれる理由」の各項目のタイトルを「お客様の声」から引用して作成し、さらにその下に、関連する「お客様の声」をいくつか並べて、本文の代わりにする方法です。

例えば、「タオルの質感」が他社のものとどう違うのかを説明するのは、案外難しいもの。つい「しっかりとした厚みのあるホテルタイプ」といった、ありきたりの説明をしてしまいがちですが、図1の例のような「お客様の声」が並んでいると自然と他にはない特長が伝わり、なんだか欲しくなってしまいませんか。

つまり、「きちんとした説明を書かなくては」と気負わなくてもよいのです。「売る」ことに特化して考えるなら、お客様の声をそのまま並べて見せる方法は、書き手の技量を問わず、もっとも再現性が高いやり方だといえます。それに、プロのセールスコピーライターだって、ゼロから自分で考え出して書いているわけではありません。「お客様の声」に使われている表現を、より美しくわかりやすく加工して見せているだけなのです。お客様にとっては、どんな過程で文章が作られたかなど、関係のない話ですよね。だからこそ、元の素材のよさを活かしてそのまま並べておくだけでも、十分に機能するのです。

## ビフォーアフターを見せよう

デパートの実演販売やダイエットのビフォーアフターを見せるCMなども、よく使われているように、使用前後の「劇的な違い」をわかりやすく見せることができれば、より「欲しい」気持ちが高まるものです。なにしろ、お客様が興味を持っているのは、自分自身がどう変われるのかという一点のみ。詳しい機能や成分、スペックの解説よりも、むしろ「なぜ自分が、他ではなくてあえてこれを、今買うべきなのか」という理由が直感的にわかり、「これを使った結果、自分がどんな風に変わるのか」という未来をイメージするのに役立つ話のほうが、ずっと知りたい情報だといえます。

そこで、すでに手元にある「お客様の声」の中から、「以前はこういう状態だった」というビフォーについての記述を拾い出し、「こんな悩みはありませんか?」「こんなことが気になっていませんか?」

といった現状の課題を具体的に提示する箇条書きにまとめて見せましょう。読んだ人が「あ、私とまったく同じだ！」と共感すれば、グッと引き込んで、自分の抱える問題に気づかせることができるからです。

次に挙げるのは、筆者が主催する講座に寄せられた「お客様の声」を抜き出したものです。

**【ビフォーを書き出した例（こんな方に）】**

- 今ある販促物や広告の添削をして欲しい。
- 状況が変化したので、改めてコンセプトをしっかり作り込みたい。
- 新商品の企画開発段階から、より女性に響きやすいものにするためにアドバイスが欲しい。
- 自分のクライアントに結果を出してもらうために、こっそり相談したい。
- これまでのやり方では頭打ち感があるので、今度こそステージアップしたい。

また、「今は、こういう状態で満足している」といった使用後（アフター）に関係する内容を抜き出し、「期待できる効果」といった箇条書きにすれば、どんな理想の未来が待っているのかをありありとイメージさせ、疑似体験させる文章にもなります。

**【アフターを書き出した例（期待できる効果）】**

- どんな文章が響くのか、どんなデザインがいいのか、無駄に悩む必要がなくなります。

- ダメ出しだけでなく、代替表現の案が得られるので、スムーズに改善できます。
- 無駄な失敗を避け、時間やお金、手間を節約できるので、さらにビジネスが加速します。
- 強みを自覚し、方向性をはっきり定めることができ、もうブレることがありません。

お客様にとって必要な情報は、商品やサービス自体の説明ではなく、それを手に入れるメリットは何なのかがわかることなのです。プロのセールスコピーライターの文章は、ゴールから逆算して組み立て、あとから伏線を回収していく複雑なものになりがちですが、実務上は、そこまで凝った文章が求められる場面ばかりではありませんよね。だからこそ、「結局、私の日常をどんな風に変えてくれるのか」がわかるようなシンプルな箇条書きを精査して書くだけでも、自然に売れる状態が作れるはずです。

Key Point

**先に使った人たちの感動の声を使って、「欲しい」気持ちを盛り上げていく。**

04

# 売れる文章を書くステップ3：対話しながら安心させる

興味を持って読み始めたとしても、実際に行動を起こすにはまだ情報が足りません。最後まで読み進めてもらうカギはどこにあるのでしょう？

## 「売れる文章」は対話でできている

なんとか興味を引きつけて「読み始めて」もらうことに成功したとしても、相手の反応をまったく考えない文章が続けば、次第に脳内にストレスが蓄積して、「読み続ける」ことができなくなります。読者は何のリアクションもせずに読んでいるわけではないのです。「見たことのない怪しい商品だけど、このまま続きを読んで大丈夫かな」と不安になったり、「うーん、本当にそうなのかなぁ、そうじゃない気もするし、そんな気もするし……」と首をかしげたり、「え？ どういうこと？ もうちょっと、このあたりを詳しく聞きたいな」と思ったり、「まさか、そんなうまい話はないだろう、騙されないぞ」と警戒したり、声に出さずに読んでいても、頭の中では、さまざまな想いを抱いています。そして、そのような「素朴な疑問やツッコミ」を置き去りにされたまま、どんどん話を進められてしまうと、脳のキャパシティ・オーバーで、途中からまったく情報が受け取れなくなってしまいます。

## お客様の「心の声」に応える

だからこそ、そんなお客様の「心の声」を代弁するような言葉を、要所要所で差し込んで、書き手と読み手との間に擬似的なコミュニケーションを作り出すことが重要です。早い話が、**一人で二役を演じるようなもの**。何かを主張したら、すぐに「今、きっとこう思っていますよね？」「もしかすると、こんな気持ちではないですか？」「そんな風に思うのも当然です」と、**相手の頭の中に浮かんでいるつぶやきの声をうまく言い当てるような内容を続けます** 図1 。すると、「そうそう、そうなの！まさに今、そう思っていたんだ」と頷きながら読み進めることができるのです。一度、相手の意向を汲み取り、同意を取った上で、気になっているポイントを解説するならば、話を聞いてもらいやすくなるのは当然のことでしょう。

すでに顧客インタビューを通して、「うちのお客様は、どんな瞬間に何に不安や疑問を感じるのか」を理解できているのなら、読者がどういう場面でどういう反応をするのか、かなり正確に予想できるはずです。リアルな経験にもとづいているからこそ、根拠のない妄想とは、まったく質が異なります。インタビューで話をしたあの人が今目の前にいるとしたら、本当にこの文章を最後まで読み続け

### 図1 文章でもお客様との対話を心がけると読み進められやすい

【対話のない文章】

インターネットを使えば、24時間365日休みなく、集客が可能です。
誰もがスマホを持ち歩いている今の時代に合った集客方法で、SNSや広告に頼らなくても、チャンスをつかむことができます。
パソコンが苦手でも、時間がなくても、大丈夫。いつでもご相談ください。

【対話のある文章】

きっと私と同じようにあなたも「インターネットから集客できたら…」と考えたことがあるでしょう。
ネットなら、あなたの変わりに24時間365日休みなくお客様を集め続けてくれるし、誰もがスマホを持ち歩いているのですから、チャンスを感じますよね？

けれど、同時に「いったいどこから手をつければいいのか…」と悩んでしまうのも当然です。なにしろ、人によって「インスタがいい」とか「広告をかけるべきだ」とか「今は動画の時代だ」とか、言っていることがバラバラで、何が正しいのかさっぱりわかりません。
その上、パソコンもそんなに得意ではないし、毎日忙しくてあまり時間もかけられない。
プロに依頼しようにも、何をどう頼んでいいかもわからない…。

そうやって、つい後回しにしているうちに、あっという間に何年か経ってしまっていませんか？

てくれるか、読むほどに前のめりになって「これさえあれば、問題が解決して、明るい未来を手に入れることができるかもしれない」という気持ちになってくれるかと、真摯に考えながら書いていくなら、自然に無理のない文章になっていくはずです。

## 「証拠」があるから安心して読める

読み進めていくうちに「あれ？ 調子のよいことばかり言っているけれど、これって本当なのかな……」と不信感を抱かれるような箇所が出てきたなら、単に相手の気持ちを代弁するだけでなく、しっかりと「証拠」を提示することで、胡散臭さを払拭しながら話を進めていく必要があります。というのも、ちょっとした疑問であっても、不信感が積み重なっていけば、行動の障壁になるからです。では、いったい何を見せれば「証拠」になるのでしょうか。

例えば、有名な雑誌やテレビなどへの掲載歴やランキングの受賞歴があるというだけでも、「私が知らなかっただけで、世間では有名なんだ。だったら、とりあえず読み進めても問題ないだろう」という気持ちになる方もいるでしょう。高評価のレビューがたくさんあれば、「そこまで酷い商品ではないはずだ」と、いったんは安心して購入に踏み切れるかもしれません。けれど、残念ながら、そのように一般的によく使われている定番の「証拠」であっても、万能ではありません。**何を見せれば「どうやら本当らしい」と受け取ってもらえるかは**、客層によって大きく違ってくるからです。

## 客観的な実績だけが「証拠」とは限らない

例えば「SNSで人気です！」と書かれているとワクワクする人もいれば、かえって敬遠する人もいるはずです。また、詳細なデータがきちんと出されているのを好ましく思う人もいれば、逆に、わかりにくい説明が続いているように感じて嫌になる人もいますよね。権威のある人の推薦の声や返金保証でさえ、怪しく感じる人もいるので、いったい何を見せれば「証拠」として機能するのか、どんな証拠がどの程度の「効力」を持ち、「いつ」どのようなタイミングで見せるべきかは、実際には、一律に議論することができません。どんな場合でも確実に「証拠」になると言い切れるものがあるわけではないのです。

強いていえば、すでにあなたの手元にある「お客様の声」は、ほぼすべての場面で、かなり信用力の高い「証拠」として使えるはずです。何もメディア掲載や特許取得、ランキング受賞といった客観的な実績のみが、「証拠」として機能するわけではないのです。読者がふと不安になったり、躊躇したりするタイミングで「お客様の声」を上手に見せていくだけでも、「この商品は確からしい」という心証を作ることはできます。ただし、何でも見せればよいというわけではありません。「証拠」の目的は、あくまで「この商品やサービスは、自分にとっても効果的なはずだ」と信じてもらうことにあるのですから、どの声を選び、どんな順番でどれくらいの分量を見せれば最適なのかには細心の注意を払う必要があります。

また、主観的な「証拠」として使えるのは、「お客様の声」だけではありません。「その商品やサービスをどんな想いで扱っているのか」や「開発における苦労話」も、「証拠」として使おうという意図を持って書くなら、行動の後押しをしてくれるストーリーになり得ます。これまでに説明してきたインタビューの手法を活用し、「開発に携わった人たち」に、当初の気持ちや紆余曲折、何を目指して作ったのかや今後の展望などについて、しっかりと話を聞いて書くことができれば、思っている以上に魅力的な文章になるはずです。

いずれにせよ、どんな人でも実際に行動する直前には、本当に信じてよいのかと不安になるものです。どんなに「欲しい」気持ちが盛り上がったとしても、確信が持てないなら「行動しない」ことを選ぶ方が、リスクを避ける賢明な選択だといえるでしょう。だからこそ、「欲しい」気持ちを作り出すだけでなく、「確かに本当らしい」「信じても、大丈夫そうだ」と自然と感じられる見せ方を追求するのも、非常に大切なことなのです。

Key Point

**お客様の「心の声」を精緻に想像して、応えるからこそ信じられる文章になる。**

# 05 売れる文章を書くステップ4：ブレーキとアクセルを活用する

最後まで読んでもらっても、まだ実際の行動に至っていないとしたら、「売れる文章」として足りないものがあるはずです。

## ブレーキをすべて解除する

ただ「欲しい」というだけでなく、お客様に「この売り手は信用できる」「この商品であれば、効果が期待できるはずだ」とまで思ってもらえたとしても、まだ安心はできません。というのも、「別に今日でなくても、また今度でいいか。今はお金も時間もないし、使いこなせる自信もないし」と思ったり、「もしかしたら、他にもっといいものがあるかもしれないから、今回は見送ろう」と躊躇したりして、結局行動しないことは、日常でもよくあることだからです。つまり、購入の決断をしてもらうには、行動を止めているブレーキを一つずつ解除していく必要があります。

このとき、「（お金や時間は）少しなら、あるはずだ」といった中途半端な説得を試みても、うまくいきません。現状認識が「（お金や時間は）ない」というままで何も変わっていない状態であれば、同じ気持ちのまま行動が変わることもないからです。だからこそ、認知を変えるのに役立つ情報を伝えて、「実は、ある」と完全にひっくり返してしまう必要があります。例えば、カプセルコーヒーは、缶コーヒーやインスタントコーヒーに比べると高いかもしれませんが、スタバのコーヒーと比較すれば安いと思えたりしますよね。つまり、いったい何と比べて高いと感じているのか、比較対象を変えてしまえば、何をどう感じるのかは、案外、簡単に変えられるのです。

そもそも、時間やお金がないといった「買わない言い訳」は、「もっと優先順位が高い他のものがある」とほぼ同義です。単に「これに使うくらいなら、他に使いたい」といっているだけなのですから、むしろ「他にかける時間やお金を削ってでも、これに使う方がよい」と思えるように、しっかりと価値を伝える必要があります。よく考えてみてください。インタビューに協力してくれた既存客は「払った以上の価値が手に入り、元が取れる」と思ったからこそ、お金を出しているはずですよね。つまり、少なくとも「高くない」といえる理由は、お客様が知っているのですから、聞いてみればよいのです。

## アクセルを踏み込む

さらに、すべての「ブレーキ」を解除した上で、行動を促進するような「アクセル」要素を上手に

**図1 お客様の心の中のブレーキとアクセル**

| 行動のブレーキになる要素 | 行動のアクセルになる要素 |
| --- | --- |
| お金がない、時間がない、自信がない | 期間・数量・地域・これを見た人限定 |
| 自分でどうにかできるかも | 話題性・流行・人気 |
| 今あるもので代用できるかも | 他では手に入らない、オリジナル |
| 放置すれば勝手に解決するかも | 保証・特典 |
| 他にもっとよいものがあるかも | 開発秘話、想い、人柄やていねいな対応 |

付加できれば、「今すぐ行動すべき理由」が増えていきます。

例えば、数量限定や期間限定であれば、「セールでお得な今のうちに、買っておくべき」などと自分に対して上手に「言い訳」ができるため、より気分よく行動してもらえることがありますよね。店頭で「最後の一点なんです」「すごく使いやすくて、私も3つ買っちゃいました」などと言われて、思わず購入した経験があるなら、同じ手法を文章での販売においても活かしていくのです。「最後のひと押し」がすっと上手にできているかにも、ぜひ心を配ってみましょう（図1）。

## 読了感を考える

読むには読んだし、いろいろ書いてあったのを覚えてはいる。けれど、読んだ直後でさえ、ほとんど何も記憶に残っておらず、いったい何が重要なメッセージだったのかと聞かれても、うまく説明できないといった経験はありませんか。人間は、それほどたくさんのことを覚えてはいられません。特に、常時スマートフォンに通知が入って気が散りがちな状況にある今では、すべての文章を頭から細かく読んでいくというよりは、ざっと流し見て興味を引かれたところだけを読むことにもなりがちです。だからこそ、すべての文章を読んでもらえる前提で書くのではなく、どこから読まれても問題がないように、**ポイントを1つに絞り込み、どこを読んでも、すべてが同じ結論になっているように書く**ほうが、グッと魅力が伝わりやすい文章になります。

「読了後、最低限ここだけ覚えていてくれればいい」というポイントがたった1つしか選べないなら、いったい何を選ぶのかは、非常に重要になりますよね。この見せ方の土台となる「コンセプト」についても、実は、「お客様の声」をもとにして、一義的に見つけ出すことができます。

というのも、「今、読み始めたばかり」のお客様の気持ちと、すべてを読み終えて「購入の直前」にあるお客様の気持ちを比べると、当然ながら、**大きな心境の変化が起こっている**はずです。Aという情報を伝えられることで、「へぇ、そうなんだ。知らなかった」と少し感情が変わり、次にBという情報を読むことで、「まったく気にしていなかったけれど、確かに、それ重要だよね」とまた少し変わり、さらにCという情報で「これ買おうかな」と思い始める、というように段階的に気持ちを変化させる情報を提供することで、最終的には狙った感情に持っていくのが、セールスコピーライティングの真髄です。

まずはそのような具体的な「行動」に至るまでの「感情」を、流れるように変化させる論理を作り上げることが第一段階なのですが、いざ「この順番なら確実に説得できる」という論理が組み上がると、実は、その流れのすべてが重要なわけではないことに気づきます。この1行さえあれば説得できるという、最も重要な箇所が必ず存在するのです。実は、半自動的に「キャッチコピー」や「選ばれる理由」ができるのは副産物に過ぎず、この1行を見つけ出すために、すべての作業があったと言っても過言ではありません。というのも、「これさえ言えば、説得できる」という言葉の裏には、お客様が求めている真の「感情」が隠されているからです。

「狙うべき感情」が特定できれば、すべてが一義的に決まり、一気にレバレッジをかけることも可能になります。なにしろ、「この気持ち」を求めているなら、文章はこの長さで、この順番で説得するより他ないと決まってくるため、好きな型で書けばいいというわけにはいきません。そぐわないデザインで見せることもできなくなります。逆に言えば、お客様たちが本当に求めている「感情」が特定できていれば、すべての迷いはなくなるのです。

**本気で届けたいなら、あれもこれもと欲張らず、どうしても伝えたいポイントを絞り込む。**

06

# 売れる文章を書くステップ5：ゴールまでの道筋を特定する

文章を書いている途中で迷走しないためのコツを、最後にお伝えします。プロであっても、準備なく文章の頭から書き始めることはありません。

## ゴールから逆算して地図を作ろう

実際に文章を書くときには、**まずは設計図を作ってから書き始めましょう** 図1。セールスコピーライターの間では、「ストーリーボード」とも呼ばれていますが、映画でいうところの絵コンテ、漫画でいうところのネーム、本でいうところの目次のような「構成」をあらかじめ作ってから書くようにすると、圧倒的に早く書ける上に、**大きくはずすというブレもなくなります。**

といっても、無理なく自然に売れていく「構成」とは、どういったものなのか想像がつきにくいかもしれません。

## 図1 ゴールから逆算した地図（ストーリーボード）の例

【ゴール：無料の動画セミナーの視聴申込】

■**よくある誤解**
女性には「イメージで売る」と勘違いしていませんか？
・写真や色やデザインなどの空気感が最重要
・キラキラした夢やふわっとした未来を見せればいい

↓本当は

■**意外な事実**
女性に売る時こそ、しっかりとした「ロジック」が必要
➔具体例（理由を証明）

■**他の方法ではダメな理由**
・女性に通用するロジックは、男性のロジックとは違う
・正解を論理的に説明できないと、再現性がない

↓だからこそ

■**解決策**
女性マーケティングの第一人者から、技を盗もう
➔実績（理由を証明）

■**内容説明**
・どんな業種、どんなステージでも使える
・すべての販促物に共通する内容
・すぐに数字に直結する実践型
・ステップ・バイ・ステップで誰でも身につく
・オンラインで、今すぐどこからでも視聴可能

■**結論の復習**
女性向け商材で、狙って数字を出す方法は存在する
＝知っているか否かが大きな違いになる

■**こんな方におすすめ**

■**期待できる効果**

■**お客様の声**（変化を実体験で証明）

■**オファー**
次は、あなたの番です！
あなたも女性の購買心理を効果的に活用できるようになりませんか？
↓
たっぷり90分の解説を、今すぐ無料で視聴する
女性に売れるロジックがわかる！
狙って当てる「文章」と「デザイン」の秘密

■**講師紹介**

■**講師からのメッセージ**

もっともイメージしやすいのは、ジャパネットたかたのような「テレビ通販」の流れでしょう。不思議なくらいに似たようなシナリオが展開されているにも関わらず、ぼんやり見ているうちに次第に欲しくなって、思わずその場で注文した経験がある方もいらっしゃるはずです。

いきなり、どんな「構成」になっているのかを分析しようとするよりも、まずは自分の作った文章が「テレビ通販」でそのまま放送されるのをイメージしてみるとよいでしょう。もし、「冒頭からこんな話はしないはずだ」とか、「こんな言葉は不自然だな」といった違和感を感じる箇所があるならば、テレビ通販の流れを真似して変えてみればいいのです。

もちろん、人によって、売るべき商品やサービスは違っているので、必ずしも、そのままの流れやテンションでは、うまく刺さらないこともあるかもしれません。けれど、誰に何を提案するという「ゴール」が決まっている状況下で、うまく相手の感情を逆算して構成を作る例として、参考にできることもきっと多いはずです。

## 話してみるとわかることも

売れる文章の基本は、「お客様が見たいもの」を「見たい順番」で書いていくことにあります。けれど、多くの人は「書く」よりも「話す」ほうが楽ですよね。どうしても書くのが苦手であれば、いっそ「話している内容」を録音し、あとから文字起こしをするほうが魅力的な文章になるかもしれません。「誰かに語りかける」という状況に置かれれば、キレのある淀みのないトークでわかりやすい説明を展開ができる方が大半です。

また、逆に、書き終わった文章は、声に出して読んでみると、つながりの悪い箇所などが明確になるので、ぜひやってみてください。一息で読めない長い文は不自然ですよね。また、会話の中では使わない複雑な表現があるならば、10歳の子供でも理解できる簡単な表現に言い換えた方が、誰にとっても楽に読める文章になります。

いずれにせよ、思わず最後までスラスラと読んでしまう文章を書くには、**「相手に負荷をかけない」という視点**がとても大切です。もしデザインが入るならば、あえて文章を使わないという選択もあり得ます。読まなくてもパッと情景が伝わる写真などを使い、脳内に必要な情報をイメージとして送り込むことができれば、より楽に読めるからです。

**ゴールから逆算して行動につなげる**という発想は、慣れないと難しく感じられるかもしれませんが、「手触り感のあるお客様像」をインタビューでつかんでいるならば、ライティング自体は難しくはないはずです。「未来のお客様」と円滑なコミュニケーションを取るためにもっとも大切なのは、泥臭い現場の力だという点を、もう一度見直していただく機会になれば幸いです。

**先に骨組みを作り上げれば、途中で迷走せずに、ゴールにたどり着ける。**

# おわりに

## 「売れる理由」は、お客様が知っている

「下手に自分で考えた文章よりも、ただお客様の声を並べている方が売れる」というと、身も蓋もないように思われるかもしれませんが、「売れる文章」の書き方を聞かれたら、私自身は一貫して「お客様の声から作る」と言い続けています。

これまでに数多くアドバイスさせていただいた経験でいうなら、「売れない理由」は、ほぼ共通しています。自分勝手な妄想で「たぶん、こんな感じで売れるんじゃないかな」と曖昧なまま書こうとするから、ダメなのです。どんなに本人は一生懸命にやっているつもりでも「絶対このやり方で売れる」という確信を持てないまま書いているなら、その実態は「手抜き」と同じ。結局のところ「この程度でいいんでしょ」と、お客様を下に見る態度を取っているのと変わりはありません。お客様と真摯に向き合うことを避けたままでは、当たるも八卦、神頼みをするしかないのも、当然ですよね。

そんな状態で「売れる魔法」を探し続けても、永遠に見つかるはずがありません。特に、セールスコピーライティングやマーケティングの世界では、次々と目新しい言葉が生み出され、まるで救世主のように振る舞っては消えていきますが、あなたが探しているものは、すでにもう手元にあるのです。

どんなに時代が変わり、使えるツールが変遷したとしても、商売の本質は、対面での販売とまったく同じ。買ってくれるのは人間です。つまり、ただ「お客様の目線」に立ち、「お客様の気持ち」に合わせて「お客様が見たい情報」を「お客様が見たい順番」で見せていくことが重要なのですが、この点こそが、誰もがはまりがちな「落とし穴」でもあります。

というのも、たいていの方は、自分自身の思考の癖から抜けられず、本当の意味で「お客様の目線」に立つことができないまま、「お客様の立場から書いているつもり」になって満足しているからです。けれど、そんな程度で終わっては、もったいない。あなたの商品やサービスは、もっと多くの人に届けられるし、もっとたくさんの人に喜んでいただけるはずです。

この本でご紹介している方法は、私がプロのセールスコピーライターとして「絶対に失敗できない」という崖っぷちの状況下で書くときにも使ってきた方法であり、また、長年にわたって主催する講座の中で磨かれ、ようやく「こうすれば必ず売れる文章に収束する」と手順化されてきた内容の一部でもあります。

紙面に限りがある本にまとめるのは、思っていた以上に困難で、かなり手間取ってしまいましたが、顧客との接点が増えて続けている今、もはや「販売はプロに任せておけばいい」という時代ではありませんよね。簡単なようでいて、かなりの威力を発揮する方法だと自負しています。できるだけわかりやすく書いたつもりですから、騙されたと思ってやってみてください。

実際にインタビューをしてみなければ、「聞かなければ、絶対にわからない話がある」こと自体もわかりません。前著『プリンセス・マーケティング』などの影響で、私が「女性マーケティングの人」といわれるようになったのは、実は、これまでに話を聞いてきた人の数が圧倒的に多いからなのです。

もしこの本が、誤解されがちな「顧客インタビュー」のイメージをガラリと変え、「本当に必要としているお客様」に「商品やサービス本当の魅力」を伝えるための一助となれるなら、これほど嬉しいことはありません。あなたのビジネスのために、あなたのお客様のためにご活用いただければ幸いです。

## 執筆者プロフィール

**谷本理恵子**（たにもと・りえこ）

株式会社グローアップマーケティング 代表取締役。4社6年にわたりインターネット通販実務を経験した後、ダイレクト出版認定セールスライターとなったことを機に独立。主に、化粧品や健康食品の単品リピート通販のCRMライティングで圧倒的な実績を叩き出す。その後、現場での試行錯誤から生まれた「顧客インタビューから確実に当てる販促物を作成する方法論」や男女のストーリーの違いを応用した独自理論「プリンセス・マーケティング®」など「売れる文章」の作り方や見せ方を伝える講座を開催。添削を軸にしたコンサルティングや再現性の高いアドバイスには定評がある。

■主な著書：

『ネットで「女性」に売る』『プリンセス・マーケティング』（エムディエヌコーポレーション）、『女性に「即決」される文章の作り方』（ぱる出版）

**Webサイト**：https://www.growup-marketing.co.jp/

**YouTube**：https://www.youtube.com/@tanimotorieko/

**X（Twitter）**：https://twitter.com/yyunn/

**Facebook**：https://www.facebook.com/tanimotoyumizo/

**Instagram**：https://www.instagram.com/tanimotorieko/


**本書の購読者限定**

**本書収録インタビュー例の詳細を動画で解説！**

https://www.growup-marketing.co.jp/gift4/

■ 制作スタッフ
カバーデザイン　山之口 正和（OKIKATA）
本文デザイン　山之口 正和＋齋藤友貴（OKIKATA）
D　T　P　クニメディア株式会社
イ ラ ス ト　MASAYA SHINDO（linen株式会社）

編　集　長　後藤憲司
担 当 編 集　熊谷千春

**ライティングは「宝探し」**
**売れる文章の作り方、買いたくなる理由の見つけ方**

2024年5月1日　初版第1刷発行

著　　者　谷本理恵子
発 行 人　山口康夫
発　　行　株式会社エムディエヌコーポレーション
〒101-0051　東京都千代田区神田神保町一丁目105番地
https://books.MdN.co.jp/
発　　売　株式会社インプレス
〒101-0051　東京都千代田区神田神保町一丁目105番地
印刷・製本　日経印刷株式会社

Printed in Japan


■ カスタマーセンター
造本には万全を期しておりますが、万一、落丁・乱丁などがございましたら、送料小社負担にてお取り替えいたします。お手数ですが、カスタマーセンターまでご返送ください。

落丁・乱丁本などのご返送先
〒101-0051　東京都千代田区神田神保町一丁目105番地
株式会社エムディエヌコーポレーション カスタマーセンター
TEL：03-4334-2915

書店・販売店のご注文受付
株式会社インプレス　受注センター
TEL：048-449-8040／FAX：048-449-8041

■ 内容に関するお問い合わせ先
株式会社エムディエヌコーポレーション カスタマーセンター メール窓口
info@MdN.co.jp
本書の内容に関するご質問は、Eメールのみの受付となります。メールの件名は「ライティングは宝探し　質問係」とお書きください。電話やFAX、郵便でのご質問にはお答えできません。ご質問の内容によりましては、しばらくお時間をいただく場合がございます。また、本書の範囲を超えるご質問に関しましてはお答えいたしかねますので、あらかじめご了承ください。

ISBN978-4-295-20249-3　C2034